中共河北省委党校（河北行政学院）创新工程科研项目

高质量发展背景下企业成长的营商环境优化研究

刘小艳◎著

中国商务出版社
·北京·

图书在版编目（CIP）数据

高质量发展背景下企业成长的营商环境优化研究 /
刘小艳著. -- 北京：中国商务出版社，2024.7.
ISBN 978-7-5103-5391-8

Ⅰ. F279.23

中国国家版本馆 CIP 数据核字第 20242VR314 号

高质量发展背景下企业成长的营商环境优化研究

刘小艳◎著

出版发行：中国商务出版社有限公司

地　　址：北京市东城区安定门外大街东后巷 28 号　邮　　编：100710

网　　址：http://www.cctpress.com

联系电话：010—64515150（发行部）　　010—64212247（总编室）
　　　　　010—64515164（事业部）　　010—64248236（印制部）

责任编辑：云　天

排　　版：北京天逸合文化有限公司

印　　刷：星空印易（北京）文化有限公司

开　　本：710 毫米×1000 毫米　1/16

印　　张：12.75　　　　　　　　　　　字　　数：185 千字

版　　次：2024 年 7 月第 1 版　　　　　印　　次：2024 年 7 月第 1 次印刷

书　　号：ISBN 978-7-5103-5391-8

定　　价：79.00 元

前　言

在当前经济高质量发展的大背景下，企业成长的营商环境优化问题显得尤为重要。营商环境的好坏直接关系到企业的生存与发展，进而影响整个国家的经济实力和竞争力。随着全球经济的深度融合和我国市场经济的不断完善，优化营商环境已成为各级政府和社会各界共同关注的焦点。高质量发展是我国经济发展的新方向，其强调的不仅是经济增长的速度，而且更加注重经济增长的质量和效益。在这一背景下，企业的成长不再仅仅依赖于传统的低成本、低价格竞争策略，而是需要转向创新驱动、品牌建设、绿色发展等高质量发展路径。因此，营商环境的优化也必须与时俱进，从而为企业提供更加优质、高效、便捷的服务和支持。营商环境是一个复杂的系统工程，涉及政策法规、行政审批、市场监管、金融服务、基础设施建设等多个方面。在过去的几十年里，我国的营商环境已经有了显著改善，但仍存在一些问题和挑战。比如，市场监管体系尚不完善，存在不正当竞争和侵权行为；金融服务体系对中小企业的支持力度不够，导致企业融资难、融资贵等。这些问题不仅制约了企业的成长，也影响了整个经济社会的健康发展。

本书共分为七章，主要以高质量发展背景下企业成长的营商环境优化为研究基点。通过本书的介绍可以让读者对企业成长的营商环境优化有一个清晰的了解，进一步摸清当前企业成长营商环境优化的发展脉络，为企业成长的研究提供更加广阔的空间。在这个背景下，营商环境优化的理论研究仍然有许多空白需要填补，需要运用现代的先进理论、观念和科学方法，在已有的基础上深入地开展研究工作，以适应不断发展的新形势。

作　者

2024.5

目　录

第一章　总　论

第一节　高质量发展的内涵与特点

一、高质量发展的内涵

（一）创新驱动

高质量发展的核心理念之一就是创新驱动。我们深知，在全球经济日新月异的今天，只有持续创新才能保持竞争力和活力。因此，高质量发展不仅将创新视为推动经济增长的引擎，也将其视为实现产业升级、提升国家整体竞争力的关键。这里的"创新"不仅局限于科技领域，虽然科技创新是其中的重头戏。科技创新能够带来新的产品、新的工艺和更高效的生产方式，从而提高生产效率，降低成本，为消费者提供更优质、更便宜的产品和服务。例如，通过引进先进的自动化技术，企业可以大幅提高生产效率，同时减少人力成本和生产过程中造成的不必要浪费。除了科技创新，管理创新也同样重要。随着企业规模的扩大和市场环境的变化，传统的管理模式可能已经无法适应新的需求。因此，企业需要不断探索和创新管理方式，以适应市场的快速变化。比如，通过引进先进的企业资源规划系统（ERP），企业可以更有效地管理资源，提高运营效率。业态创新也是高质量发展中不可或缺的一部分。在互联网和移动互联网的推动下，新的商业模式和业态层出不穷。例如，电子商务、共享经济、新零售等都是业态创新的典型代表。这些新业态不仅为消费者提供了更多的选择和便利，也为企业开辟了新的市场空间和增长点。

（二）质量优先

在高质量发展的理念中，质量优先是至关重要的。无论是产品还是服务，其质量都是赢得市场和消费者信任的关键因素。特别是在当前这个时代，消费者的需求日趋多样化和个性化，他们对产品和服务的品质要求也越来越高。高质量发展坚持质量优先，意味着企业和生产者必须始终把提高产品和服务的质量放在首位。这不仅是为了满足消费者的基本需求，也是为了追求精益求精，不断超越自我，为消费者带来更加卓越的使用体验。比如，在汽车行业中，高质量发展的企业会不断研发新技术，提升汽车的性能和安全性，以满足消费者对高品质出行的需求。质量优先也是为了满足人民日益增长的美好生活需要。随着人们生活水平的提高，他们对美好生活的向往也日益强烈。人们不再满足于基本的生活需求，而是开始追求更高品质的生活。要实现质量优先，企业和政府都需要付出努力。企业需要加强质量管理，建立完善的质量控制体系，确保产品和服务的每个环节都符合高质量的标准。政府需要加强质量监管，制定和执行严格的质量标准和法规，以确保市场上的产品和服务达到一定的质量标准。

（三）绿色发展

绿色发展强调了经济社会发展与自然环境之间的和谐共生，将生态优先作为发展的首要原则。随着工业化和城市化的快速发展，人类对自然环境的破坏日益严重，环境污染、生态退化等问题层出不穷。在这样的大背景下，绿色发展理念应运而生，它强调在推动经济发展的同时，必须尊重自然、保护自然，实现人与自然的和谐共生。高质量发展中的绿色发展，不仅要求在生产过程中减少对环境的污染和破坏，也要求积极采取措施修复生态环境，推动形成绿色生产方式和消费模式。这意味着需要在经济发展的各个环节中充分考虑到环境的承载能力，合理利用资源，降低能耗，减少排放，从而实现经济、社会和环境的可持续发展。为了实现绿色发展，需要从多个方面入手。首先，政府应制定和完善相关法律法规，明确企业和个人的环保责任，加大对环境违法行为的处罚力度。其次，企业应积极引进和开发环保技术，提高资源利用效率，减少废弃物排放。最后，企业还应加强环保宣传教育，增强员工的环保意识。

（四）结构优化

结构优化这一理念的提出，旨在实现经济的均衡和协调发展，确保各个经济领域之间形成良性互动，共同推动经济持续稳定增长。结构优化首先关注的是产业结构的调整。随着全球经济的不断变化和科技的不断进步，一些传统产业逐渐失去了竞争优势，而新兴产业则展现出了巨大的发展潜力。因此，高质量发展要求逐步淘汰落后产能，大力发展新兴产业，特别是高新技术产业、绿色经济和现代服务业等，从而提升产业的整体竞争力和附加值。区域结构的优化是高质量发展的重点。我国地域辽阔，不同地区的资源禀赋、经济基础和发展条件存在差异。为了实现区域经济的协调发展，需要因地制宜地制定发展策略，促进区域间的合作与交流，形成优势互补、协同发展的良好局面。城乡结构的优化同样重要。随着城市化进程的加速，城乡差距问题日益凸显。高质量发展强调推动城乡一体化发展，通过加强基础设施建设、提高公共服务水平、促进农村产业升级等措施，缩小城乡差距，实现城乡共同繁荣。为了实现结构优化，政府需要发挥引导作用，制定科学合理的产业政策和区域发展政策，为经济结构调整提供有力支持。企业也应积极响应政策号召，加强自身技术创新和产业升级，为实现经济高质量发展贡献力量。

（五）开放合作

在全球化日益深化的今天，开放合作就是任何国家或地区都不能孤立地发展，只有积极参与国际竞争与合作，才能提高自身的国际竞争力，从而实现持续健康发展。开放合作意味着要主动融入全球经济体系，与世界各国共享资源、技术和市场。高质量发展倡导下的开放合作，不仅是简单的贸易往来，还包括技术交流、人才培养、金融合作等多个方面。通过这种方式，可以更快地吸收和借鉴国际先进经验和技术，加速自身的发展进程。开放合作是提高国际竞争力的有效途径。在激烈的国际竞争中，只有不断提升自身实力，才能在市场中占据有利地位。通过与世界一流企业、研究机构的合作，可以了解国际市场的动态和趋势，及时调整自身的发展战略，以适应不断变化的市场环境。开放合作有助于提升国家形象和国际影响力。通过积极参与国际合作，展示自身的技术实力和发展成果，可以赢得国际社会的认可和尊重。这不仅有助于提升国家的软实力，也能为未来的发展创造有利的外部环境。为了实现开放合作，政府需要积极推动对外交流与合作，为企业"走出去"提供支持和保障。

二、高质量发展的特点

（一）可持续性

1. 长期稳定增长

长期稳定增长是高质量发展的核心目标之一。只有经济长期稳定增长，才能为社会带来持续的繁荣与进步。因此，它坚决摒弃了那种过度依赖短期刺激政策、片面追求高速增长的做法。短期刺激政策虽然能在短期内提振经济，但往往带来的是一时的繁荣，难以持久。而且过度使用这些政策还可能导致经济结构失衡，埋下更大的隐患。高质量发展则着眼于长远，其强调通过深化改革、加强创新、优化经济结构等方式，培育经济的内生增长动力。内生增长动力是经济持续稳定增长的关键因素。当经济具备强大的内生增长动力时，即使面临外部环境的冲击和挑战，也能保持稳健的发展态势。为了培育这种动力，需要从多个方面入手：一是加强科技创新，推动产业升级，提高经济的科技含量和附加值；二是优化经济结构，实现产业的均衡发展，避免某些行业或地区的过度集中；三是深化改革，完善市场机制，激发市场主体的活力和创造力。

2. 资源和环境保护

资源和环境保护是高质量发展可持续性要求中的重要一环。我们深知，经济增长不能以牺牲资源和环境为代价，必须充分考虑资源和环境的承载能力。在过去的发展过程中，一些地区为了追求短期的经济利益，过度开采资源，破坏了生态环境，给当地居民的生活带来了严重影响。这种以牺牲环境为代价的发展模式已经被证明是不可持续的。高质量发展强调在推动经济增长的同时，必须注重资源和环境的保护。它要求合理利用资源，提高资源利用效率，减少浪费。也要加强环境治理，保护好的生态环境。为了实现经济发展和生态环境保护的良性循环，需要采取一系列措施：一是政府应制定严格的环保法规，并加大监管力度，确保企业遵守相关法规；二是企业应积极引进环保技术，降低生产过程中的能耗和排放，减少对环境的污染。

3. 制度创新

制度创新是实现高质量发展的关键环节，尤其在实现可持续性这一目标上，其重要性不言而喻。我们深知，只有通过制度创新，才能为经济稳定增长和生态环境保护提供坚实的制度保障。传统的制度框架可能已无法适应新时代的发展需求，特别是在面对资源约束、环境压力及经济增长的多重挑战时。因此，制度创新成为推动高质量发展的必然选择。通过改革和完善相关制度，可以更好地适应和应对这些挑战，以确保经济和环境的可持续发展。具体来说，制度创新包括但不限于完善环保法规、改革资源管理体制、优化经济发展政策等。这些创新旨在从制度层面引导和规范社会、企业和个人的行为，确保其符合可持续发展的要求。例如，通过完善环保法规，可以有效地遏制污染行为，保护生态环境；通过改革资源管理体制，可以合理地分配和利用资源，减少浪费；通过优化经济发展政策，可以平衡经济增长与环境保护的关系。

（二）包容性

1. 共享发展成果

共享发展成果是高质量发展包容性的核心体现。经济增长并非仅仅是一堆数字的增长，而是要让更多的人切实感受到发展带来的实惠和好处。在过去，可能过于关注 GDP 的增长速度，而忽略了经济增长是否真正惠及了广大人民群众。但现在，高质量发展要求转变这种观念，不仅要追求经济增长速度，还要关注其质量和效益。具体来说，要确保经济增长能够带动就业，提高居民收入水平，改善人民生活质量。还要关注公共服务、教育、医疗、住房等领域的均衡发展，让每个人都能享受到高质量的生活。为了实现这一目标，政府需要制定更加公平合理的收入分配政策，确保低收入群体也能分享到经济增长的成果。企业也应积极履行社会责任，提高员工福利，为员工提供更好的发展机会。

2. 缩小贫富差距

缩小贫富差距是高质量发展包容性特征的又一重要体现。贫富差距的扩大不仅会影响社会的稳定和公正，还可能阻碍经济的长期健康发展。因此，高质量发展特别强调采取有效措施，努力缩小贫富差距，使收入分配更加合理、有序。为了实现这一目标，高质量发展要求采取多元化的策略。首先，税收政策是一个重要的工具。通过制定合理的税收政策，可以对社会财富进行再分配，减少贫富差距。例如，对高收入群体适当征税，同时给予低收入群体更多的税收优惠，以达到调节收入分配的目的。其次，教育公平也是缩小贫富差距的关键因素。通过提供均等的教育机会，确保每个孩子都能获得优质的教育资源，从而增强他们的社会竞争力，打破贫困的代际传递。最后，应关注就业市场的公平性。通过加强职业培训、提供就业援助等措施，帮助弱势群体获得更多的就业机会和更高的收入水平。

3. 促进社会公平

促进社会公平是高质量发展实现包容性目标的关键条件。社会公平是现代社会的核心价值之一，它意味着每个人都有平等的机会和权利去追求自己的理想生活。我们深知，只有在一个公平的社会环境中，每个人的潜能才能得到充分发挥，社会才能持续和谐地发展。为了实现这一目标，高质量发展着重强调了完善社会保障体系和提高公共服务水平等措施的重要性。社会保障体系的完善确保每个人在面临困难时得到及时有效的帮助，它是维护社会稳定、促进社会公平的重要基石。而提高公共服务水平能够确保每个人享受到基本的教育、医疗等资源，不因地域、收入等因素而受到歧视或限制。这些措施的实施，不仅有助于消除社会不公，也能为每个人提供公平的发展机会。当每个人有了公平的发展机会，他们就能更好地发挥自己的才能，为社会的进步和发展做出更大的贡献。

（三）协调性

1. 经济与社会协调发展

经济增长固然重要，但单纯地追求经济数字的增长而忽视社会发展，将会导致社会的不稳定和不和谐。因此，高质量发展要求在推动经济增长的同时，必须给予社会发展同等的重视，以实现经济与社会的良性互动。具体来说，就是不仅要关注 GDP 增长，还要关注人民的生活水平、教育、医疗、文化等社会事业的进步。经济增长应为社会提供更多更好的就业机会，提高人民的收入水平，从而促进社会消费和内需扩大。社会发展也应为经济增长提供稳定和谐的社会环境，以及具备高素质的人力资源。为了实现经济与社会的协调发展，需要制定全方位的发展策略。这包括优化经济结构，推动产业升级，以及加大对教育、医疗、文化等社会事业的投入。还应注重提高社会治理水平，确保社会公正，维护社会稳定。

2. 区域协调发展

我国地域辽阔，各地区在资源禀赋、经济基础、文化背景等方面存在差异，这导致了区域发展不平衡的问题。为了实现全国范围内的均衡发展，高质量发展特别强调区域之间的协调与合作。加强区域合作与交流是实现区域协调发展的重要条件。通过促进不同地区之间的优势互补，可以使各区域在资源共享、产业协同、市场拓展等方面实现深度合作，从而提升整个区域的经济实力和竞争力。例如，一些地区可能拥有丰富的自然资源，而另一些地区则具有技术或市场优势，通过合作与交流，实现了资源的优化配置和高效利用。区域协调发展有助于缩小区域发展差距。在高质量发展的要求下，不仅要关注发达地区的经济增长，也要关注经济落后地区的发展需求。通过政策倾斜、资金扶持、技术交流等方式，帮助经济落后地区加快发展速度，提升其经济实力和社会发展水平，从而实现全国范围内的均衡发展。

3. 产业结构协调发展

在快速发展的经济环境下，优化产业结构并推动产业升级，对于实现各产业之间的良性互动和整体经济的协调发展至关重要。高质量发展注重通过科技创新和制度创新来优化产业结构。科技创新可以带来新的产业机会和增长点，推动传统产业向高端化、智能化转型，同时催生了新兴产业，如数字经济、绿色经济等。制度创新为产业结构的优化提供政策支持和制度保障，通过改革完善相关法规和政策，营造有利于产业升级和发展的环境。在推动产业升级的过程中，高质量发展还强调产业链的完善和协同。通过加强产业链上下游企业之间的合作与联动，可以形成更加紧密的产业生态系统，提高整个产业的竞争力和抗风险能力。高质量发展注重发挥各地区在产业发展中的比较优势，通过区域协同和资源整合，打造具有地方特色的产业集群，进一步推动产业结构的协调发展。

第二节　企业成长理论及影响因素

一、企业成长理论

（一）彭罗斯企业成长观

罗杰·彭罗斯，英国数学物理学家和牛津大学数学系名誉教授，提出了独特的企业成长理论。他指出，新古典经济学常常将企业简化为一个点或黑箱，忽略了企业间的差异性。彭罗斯将企业定义为结合管理框架的资源聚合体，强调企业是有意识地利用资源谋求利益的组织。在资源方面，由于资源的不可分割性、多重功效及创新性，企业总有未开发的剩余资源，难以达到资源完全开发的均衡。彭罗斯认为，企业内部的生产性服务、资源和特殊知识是推动其成长的重要因素。特别是企业管理层面的能力，是决定企业边界的关键资源。即使企业面临兼并或购买，管理运营资源也非常重要。彭罗斯的企业成长观深入诠释了企业从创业到巅峰的全程。他关注资源服务、员工培训及高层管理能力。资源服务即资源配置和交易协调，而管理层的能力和动力是企业内化和协调交易的基础与约束。彭罗斯的企业成长观现已成为研究大公司和跨国企业的基础理论。他强调知识是企业的核心资产，这一观点日益受到认可。例如，微软创始人比尔·盖茨对人才的重视，就充分印证了彭罗斯的企业成长观。

（二）安索夫成长战略论

美籍俄裔数学家和经济学家伊戈尔·安索夫在企业成长战略方面有着独到的见解，他提出了"安索夫矩阵战略"的观点。安索夫认为，一个企业的成长战略必须包含四个关键要素：一是企业需要精准地规划和定位自己的产品和市场，这是确保战略成功的基础；二是根据公司的未来发展方向，选择恰当的战略类型，为公司的长远发展定下基调；三是企业需建立一套高效的决策机制，以便在激烈的市场竞争中发挥自身的战略优势；四是企业领导层应灵活运用企业协同效应，通过资源整合和优势互补，推动企业的持续发展。在安索夫看来，企业的成长战略应侧重于发展自身的特长领域，并寻求与企业发展紧密相关的项目。在这一过程中，企业不仅要充分挖掘和利用内部资源，还要积极寻求外部资源，并与其他企业建立良好的协同关系。安索夫还进一步提出了企业在成长过程中的四种战略选择：一是企业可以通过深耕现有市场，提高现有产品的市场渗透率，从而扩大市场占有率；二是企业可以利用现有市场研发新产品，丰富产品线，以增强在现有市场的竞争力；三是企业应积极开拓新市场，探索经济新领域，吸引新客户，为公司的持续发展注入新动力；四是企业需要结合新市场的需求，多角度研发新产品，确保在新市场中稳扎稳打，实现可持续发展。

（三）巴格海业务更替说

美国经济学家梅尔达德·巴格海在其著作《增长炼金术》中，深入剖析了企业成长的奥秘。他观察到，那些经济效益持续增长的大型企业，都具备一个显著的共同点，即它们能够不断地开发新的业务效益增长点。这些公司不仅从内部改革其核心业务，还积极开拓新业务领域，确保新旧业务能够平稳过渡，从而不断为企业的业务效益注入新的活力。巴格海强调，构建并管理好一套完善的新旧业务更替机制，是企业实现经济效益大幅增长的关键。然而，另一位经济学家克莱顿·克里斯滕森则持有不同的观点。他认为，企业在进行业务创新时，往往会面临管理机制的两难选择。这种困境就好比"一次只能做好一件事情"的道理一样，企业很难同时兼顾新旧两项业务的发展。在他看来，企业资源和管理精力都是有限的，如果分散到两个领域，可能会导致两者都难以得到充分的关注和投入，从而影响业务的深度和质量。这两种观点其实都有其合理之处。巴格海看重的是企业持续创新和业务拓展的能力，而克莱顿·克里斯滕森则关注企业在创新过程中的资源分配和管理难题。实际上，企业在追求经济效益大幅增长的过程中，确实需要找到一种平衡，既要确保核心业务的稳健发展，又要积极探索和开拓新业务领域。这是一个巨大的挑战，但也是企业持续成长和壮大的必由之路。

（四）钱德勒组织能力论

美国的艾尔弗雷德·D.钱德勒提出的组织能力论，深入探讨了企业成长的内在机制。他认为，企业追求的经济利益主要包含三个方面：规模经济、范围经济和交易成本经济，这三者共同决定了企业的发展轨迹。钱德勒认为规模经济是企业成长的重要途径。他强调，在依赖规模经济的行业中，企业必须通过海外直接投资等方式扩大规模，以实现效益的增长。这种规模扩张不仅带来了生产成本的降低，还提高了企业的市场竞争力，从而推动企业向前发展。范围经济则是企业实现多元化的重要条件。钱德勒认为，通过多元化经营，企业可以充分利用其资源和能力，进入不同的市场领域，从而实现范围经济。这种经济模式有助于企业降低经营风险，提高整体盈利能力。在交易成本经济方面，钱德勒特别关注一体化经济的重要性。他认为，通过实现纵向或横向一体化，企业可以降低交易成本，提高市场效率，进而获得更多的经济利益。总的来说，钱德勒的组织能力论强调了生产设备、技术和运营管理的投资对于企业成长的重要性。他认为，这些方面的投入能够增强企业的组织能力，提升运营效率，从而使企业在激烈的市场竞争中脱颖而出。此外，这些投资还能为企业创造更大的发展空间，提升其在同行业的竞争力和盈利能力。钱德勒的理论为企业成长提供了全面的指导，有助于企业明确发展方向，实现可持续发展。

（五）爱迪斯企业生命周期说

美国管理学家伊查克·爱迪思的企业成长理论，以"企业生命周期"为核心观点，得到了广泛认可。爱迪思认为企业和生物一样，都遵循一定的生命周期。他主要从企业的内部管理、结构框架和关系来描绘企业的成长轨迹，而非仅从业务规模的角度。爱迪思强调，企业的成长与生物的成长相似，都受到灵活性和可控性两个因素的影响。他指出，企业在成长过程中需要既保持灵活性，又要有一定的可控性，避免过于幼稚或老化。他进一步指出，企业管理的关键是集中精力解决当前生命阶段的问题，以便更好地应对下一阶段。当企业进入成熟期，应妥善处理各种变化因素，防止过早进入衰老期。重要的是，爱迪思认为老化不是企业的必然命运，这与生物的自然规律有所不同。爱迪思的企业生命周期说虽然让人联想到生物的生与死，但他明确指出，企业不会必然走向消亡。这与中国古语"人定胜天"相呼应，为其带来了乐观的预期。从生命周期的角度看，企业要经历三个关键蜕变：从创立到快速成长的转变，从成长到成熟的突破，以及在老化期寻找新的生命力。爱迪思的理论为我们提供了许多宝贵的启示和思考，可以帮助我们更好地理解和引导企业的成长。

二、企业成长影响因素

（一）外部环境因素

1. 宏观经济环境

宏观经济环境涉及众多宏观经济指标，如经济周期、通货膨胀率和利率等，这些因素的变化会对企业的经营活动产生深远影响，进而决定企业的成长速度和方向。首先，经济周期的变化会直接影响市场需求和消费者购买力。在繁荣期，市场需求旺盛，消费者购买力增强，这为企业提供了广阔的市场空间和盈利机会。然而，在衰退期，市场需求萎缩，消费者购买力下降，企业可能面临销售额下滑、库存积压等困境。因此，企业需要密切关注经济周期的变化，以便及时调整经营策略，应对市场波动。其次，通货膨胀率的变化也会影响企业的经营成本。高通货膨胀率可能导致原材料、劳动力和其他生产成本上升，从而降低企业的利润空间。为了应对通货膨胀的影响，企业需要提高产品价格或寻找高效的生产方式，以保持盈利能力。最后，利率的变化会影响企业的融资成本和投资决策。在利率较低的环境下，企业可以更容易地以低成本融资，从而扩大生产规模或进行其他投资。然而，在利率较高的环境下，企业的融资成本上升，可能需要谨慎地考虑投资项目和资金使用。

2. 政策法规环境

政策法规环境深深地影响着企业的成长轨迹。政府的每一项政策、法规和监管措施的调整，都像风向标，指引着企业发展的方向，也规范着市场运行的秩序。在这个大环境下，企业必须高度警觉，因为政策法规的变动不仅关乎企业日常的经营行为，也可能影响到企业的长远规划和发展战略。例如，当政府出台更加严格的环保政策时，那些高污染、高能耗的企业就必须进行技术升级或者转型，以适应新的环保标准，否则将面临严重的处罚，甚至被市场淘汰。这种政策导向迫使企业不断进行自我革新，从而在一定程度上推动了整个行业的进步。一方面，政府的某些优惠政策能为企业带来实实在在的好处。税收优惠、土地租赁优惠等政策可以降低企业的运营成本，提高企业的盈利能力，进而加快企业的成长速度。这些政策的出台，能激励企业加大投资、扩大生产规模，进而提升市场竞争力。但另一方面，过于烦琐或严苛的法规和监管措施也可能束缚企业的手脚，增加企业的运营难度和成本。例如，某些行业的市场准入门槛过高，或者行政审批流程过于复杂，都可能导致企业错失市场机遇，影响企业的成长速度。

3. 市场需求与竞争态势

市场需求与竞争态势紧密相连，共同构成了企业成长的重要驱动力。市场需求的增长为企业提供了广阔的发展空间，而消费者偏好的变化引导着企业不断创新和优化产品。在这样的市场环境中，企业必须敏锐捕捉市场动态，灵活调整销售策略，以满足不断变化的消费者需求。市场竞争的激烈程度直接影响着企业的市场占有率和盈利能力。在高度竞争的市场中，企业为了脱颖而出，必须不断提升自身实力，包括产品质量、服务水平、品牌形象等。这种竞争压力促使企业不断创新，寻求差异化竞争优势，从而巩固和扩大市场份额。市场需求的增长不仅体现在量的方面，还体现在质的提升。随着消费者对产品品质、功能、外观等方面的要求越来越高，企业需要不断投入研发，推出更具创新性和竞争力的产品。这种以市场需求为导向的产品创新，有助于企业在激烈的市场竞争中保持领先地位。另外，竞争态势的演变要求企业不断调整市场策略。面对竞争对手的挑战，企业需要通过精准的市场定位、有效的营销推广和优质的客户服务等手段，不断提升品牌知名度和客户满意度。这样，企业才能在市场竞争中立于不败之地，实现持续稳健的成长。

（二）内部资源与能力因素

1. 资金与财务状况

资金，作为企业运营的血脉，是推动企业各项活动顺利进行的关键要素。它不仅关系到企业的日常运营，也直接影响到企业的投资能力、研发创新及市场拓展等多个方面。一个资金实力雄厚的企业，通常会拥有更多的资源去尝试和探索新的商业机会。这样的企业在面对市场变化时，能够迅速做出反应，抓住机遇，从而实现快速成长。良好的财务状况是企业稳健成长的重要保障。一个健康的财务报表不仅反映了企业的盈利能力，还体现了企业的管理效率和风险控制能力。这些都是投资者和合作伙伴在评估企业时非常重视的指标。一个财务状况良好的企业，更容易获得外部融资，从而进一步加速其成长步伐。资金与财务状况直接关系到企业的市场拓展能力。在竞争激烈的市场环境中，企业需要投入大量的资金来进行品牌推广、渠道建设等市场活动。资金充足的企业，可以灵活地运用各种营销策略，快速占领市场份额，实现规模化发展。因此，资金与财务状况的好坏，直接关系到企业的成长速度和规模。企业必须高度重视资金管理和财务规划，确保在任何时候都能够保持充足的资金流和健康的财务状况，以支持企业的持续成长和发展。

2. 技术创新能力

具备强大的技术创新能力，意味着企业能够不断研发出新产品或对现有产品进行持续改进，从而更好地满足市场需求，提升市场竞争力。在科技日新月异的今天，消费者对产品的要求越来越高，不仅追求实用性，还看重产品的创新性、智能化和个性化。这就要求企业必须拥有强大的技术创新能力，能够紧跟科技潮流，及时将最新的科技成果应用到产品研发中，推出更具吸引力的新产品。技术创新能力强的企业，能够在市场上率先推出创新产品，从而抢占市场先机，获得更大的市场份额。通过不断的技术创新，企业可以提高生产效率，降低成本，从而增强盈利能力。这种技术上的领先优势，不仅能让企业在短期内实现快速成长，还能为企业的长远发展奠定坚实的基础。技术创新能力是企业构建品牌形象、提升品牌价值的重要手段。一个以技术创新为核心的企业，更容易获得消费者的认可和信任，从而树立起良好的品牌形象。这种品牌价值的提升，将进一步推动企业的市场拓展和销售额增长，形成良性循环。

3. 人才与团队建设

一支高素质、专业化的团队能够为企业注入源源不断的创新力和高效的执行力，这是推动企业持续成长的核心动力。在这个知识经济时代，人才资源变得尤为重要，因为他们不仅是企业运营的主体，也是企业文化的传承者和创新者。高素质的团队意味着成员们具备专业技能和丰富的行业经验，他们能够快速响应市场变化，为企业的产品和服务提供有力的技术支持与市场策略。这种团队能够迅速将创新理念转化为实际的产品和服务，满足客户的需求，从而提升企业的市场竞争力。除了专业技能，团队建设也是不可忽视的。良好的团队建设能够增强员工的归属感和责任感，激发他们的工作热情。当团队成员之间形成了紧密的合作关系和相互信任的氛围，工作效率和创造力都会得到提升。这种团队凝聚力不仅能够助力企业在短期内实现业绩的快速增长，也能为企业的长远发展奠定坚实的基础。因此，企业在成长过程中必须高度重视人才与团队的建设。通过选拔和培养优秀的人才，打造一支专业化、有战斗力的团队。并且要注重团队内部的沟通和协作，激发员工的创新精神和团队合作意识。

（三）战略与管理因素

1. 企业战略定位与规划

一个明确和精准的战略定位，能够让企业清晰地认识到自己在市场中的位置和优势，从而确定适合自身的发展方向。这不仅有助于企业集中资源和精力，专攻某一领域或市场，也能减少不必要的浪费，提高运营效率。规划是战略定位的延伸和具体化。它根据企业的战略定位，制订出一套系统、全面的发展计划，包括短期和长期的目标设定，以及为实现这些目标所需采取的行动计划。这样的规划，能够确保企业在发展过程中，每一步都走得稳健而有力，不会因为盲目扩张或偏离主航道而陷入困境。明确的战略定位和精心的规划，可以提升企业的应变能力和抗风险能力。当市场环境发生变化时，企业能够迅速调整策略，抓住新的机遇，或者有效应对潜在的威胁。这种灵活性和前瞻性，正是现代企业在复杂多变的商业环境中生存和发展的关键。因此，企业战略定位与规划不仅关乎企业的当前运营，也影响着企业的未来命运。企业必须高度重视这一环节，确保战略定位的准确性和规划的科学性，从而引领企业走向更加辉煌的未来。

2. 组织架构与流程设计

组织架构与流程设计构成了企业内部管理的骨架和灵魂。一个合理的组织架构能够确保企业各部门之间职责明确、协作顺畅，形成高效的工作机制。当每个部门和员工都清楚自己的职责范围，就能更好地聚焦于各自的工作任务，减少不必要的冲突和重复劳动。而流程设计则像是企业的血脉，它规定了各项工作应该如何开展，从起点到终点，每个环节都经过精心设计，确保信息能够高效、准确地传递，任务能够迅速得到执行。一个良好的流程设计能够降低内部沟通的成本，避免因信息传递不畅或者任务分配不明确而导致资源浪费。这两者的合理结合，不仅提高了企业的运营效率，更提升了企业的整体管理水平。企业运营不再是松散无序的，而是变得井井有条，各部门之间的协同作战能力极大增强。这种内部管理上的优化，直接影响到企业的外部表现，无论是响应市场需求的速度，还是对客户服务的质量，都会得到提升。因此，组织架构与流程设计的重要性不言而喻。它们为企业的成长提供了坚实的内部支撑，确保了企业在扩张过程中不会因为内部管理的混乱而拖后腿。

3. 企业文化与价值观塑造

企业文化与价值观塑造是引领企业向前发展的精神力量。一个积极向上的企业文化，能够营造出一种和谐、进取的工作氛围，让员工感受到归属感与尊重，从而更加投入地工作。这种文化氛围不仅能够提升员工的工作满意度，也能激发他们的工作热情和创造力，为企业的创新与发展贡献力量。企业价值观的塑造对于引导员工行为、凝聚团队力量也起着关键作用。明确、正向的价值观能够让员工明确企业的核心追求和行为准则，从而在工作中自觉践行这些价值观，形成统一的行动方向和目标。这种价值观的共鸣使得员工之间更加团结，共同为企业的愿景和使命而努力。当企业文化与价值观深入人心，这将成为企业最宝贵的无形资产。这种精神上的富饶不仅能够吸引和留住人才，也能在企业遭遇困难时，激发团队的韧性和战斗力，共渡难关。因此，企业文化与价值观塑造不仅是企业发展的精神支柱，也是推动企业不断成长的核心动力。

第三节　营商环境内涵与评估体系

一、营商环境的内涵

（一）政务环境

政务环境的优劣直接影响到企业的经营效率和发展动力。政府作为公共服务的提供者，其服务效率、政策透明度及行政审批的简便性，都是评估政务环境的重要指标。政府服务效率的高低直接关系到企业运营的成本和时间。一个高效的政府能够在企业需要帮助时迅速响应，为企业提供必要的支持和服务。这不仅减少了企业的等待时间，还能让企业更加专注于自身的核心业务，从而提升整体的运营效率。政策透明度也是政务环境中不可忽视的环节。透明的政策环境意味着企业可以清晰地了解到政府的各项规定和政策导向，从而做出明智的决策。这种透明度不仅能够减少信息不对称所带来的风险，还能增强企业对政府的信任感，进而促进政企之间的良好合作。行政审批的简便性也是衡量政务环境好坏的重要标准。烦琐的行政审批流程不仅会消耗企业大量的时间和精力，还可能阻碍企业的创新和发展。因此，简化行政审批流程、提高审批效率，对于优化政务环境、促进企业发展具有十分重要的意义。以简化行政审批流程为例，政府可以通过推行"一网通办""最多跑一次"等改革措施，实现政务服务的线上化和远程办理。这样不仅为企业节省了大量的时间和精力成本，还能提高政务服务的可及性和满意度。政府可以建立有效的监督机制，确保行政审批的公正性和透明度，从而为企业创造更加公平、透明的营商环境。

（二）市场环境

市场环境主要聚焦于市场竞争的公平性和市场秩序的规范性。一个公平、有序的市场环境，能够为企业提供广阔的发展空间和稳定的经营平台，进而推动整个经济体系的健康、可持续发展。市场竞争的公平性对于激发企业创新活力具有关键作用。在公平的市场竞争中，每个企业都有机会展示自身的优势和创新能力，通过提供高质量的产品或服务来赢得市场份额。这种竞争机制能够鼓励企业不断加大研发投入，推出新产品或新技术，从而在市场上获得更大的竞争优势。这种创新活力的激发，不仅有助于提升整个行业的技术水平和产品质量，还能推动经济的持续增长和转型升级。市场秩序的规范性对于保障企业合法权益和促进市场稳定运行具有重要意义。一个良好的市场秩序意味着所有市场参与者都必须遵守共同的规则和准则，不得进行欺诈、虚假宣传等不正当竞争行为。这种规范性的市场秩序能够保护诚信经营的企业免受不公平竞争的侵害，维护市场的公平与正义。规范的市场秩序有助于减少市场波动和风险，增强市场的可预测性和稳定性，从而为企业提供更可靠的商业环境。为了实现市场环境的优化，政府和社会各界需要采取一系列有效措施。例如，打击不正当竞争行为是维护市场秩序的重要手段之一。政府应加大对不正当竞争行为的打击力度，通过法律手段严惩违法者，为守法企业创造公平的竞争环境。加强知识产权保护也是营造良好市场环境的关键举措。知识产权保护能够鼓励企业进行技术创新和品牌建设，提升整个行业的创新能力和竞争力。政府应完善知识产权法律法规体系，加大知识产权的审查和保护力度，为企业提供更加安全、稳定的创新环境。

（三）法治环境

法治环境关乎企业的合法权益、经营稳定性和市场公平性。一个健全的法治环境，不仅是指法律法规的完善，还包括这些法律法规的有效执行，以及公正的司法审判系统的支撑。在营商活动中，法律法规的完善程度直接影响到企业的日常运营。一套完整、清晰且科学的法律体系，能够为企业提供明确的经营指导，使其在商业活动中有所依据，避免法律模糊地带产生的纠纷和风险。这种法律的明确性，为企业提供了稳定的法律预期，有助于企业做出长远规划，进而实现可持续发展。而公正的司法审判系统，是法治环境中不可或缺的一环。当企业在商业活动中遇到纠纷时，一个公正、高效、透明的司法系统能够及时介入，为企业提供公正的裁决，保障其合法权益不受侵犯。这种司法的公正性，不仅增强了企业对法律的信仰和尊重，也提升了整个社会的法治意识。有效的法律执行力度，也是衡量法治环境好坏的重要标志。只有法律得到严格执行，才能确保企业的合法权益得到有效保护，违法行为得到应有的惩罚。这种执行力度，不仅体现在对违法行为的打击上，也体现在政府依法行政、规范执法的行为上。为了营造更好的法治环境，加强法律法规建设、提高司法公正性和效率等措施是非常重要的。通过不断完善法律法规，使其适应市场经济的发展需求；通过提高司法的公正性和效率，为企业提供及时、有效的法律保护。这些措施的实施，不仅有助于改善法治环境，也能为企业的健康发展提供坚实的法治保障。

（四）人文环境

人文环境作为营商环境的一个重要组成部分，虽然不直接参与企业的日常经营活动，但其深远的影响力不容忽视。它涉及社会文化、教育水平及人口素质等多个层面，这些因素在潜移默化中影响着企业的长远发展。社会文化环境塑造了一个地区的价值观和行为准则，这对企业来说是一种隐性指导。在一个注重创新、开放包容的社会文化氛围中，企业更容易汲取新的思想，接受新的观念，从而在市场竞争中保持敏锐的洞察力和应变能力。相反，一个封闭、守旧的社会文化环境可能会限制企业的视野和思维方式，不利于其长远发展。教育水平直接关系到地区人力资源的质量。一个地区如果拥有高水平的教育体系，就能够培养出更多具备专业技能和创新能力的人才。这些人才是企业发展的宝贵资源，他们不仅为企业带来了先进的技术和管理理念，还推动了企业的持续创新和发展。因此，教育水平的高低直接影响着企业的人才储备和发展潜力。人口素质是一个地区人口整体受教育程度、健康水平、道德水准等综合因素的体现。一个高素质的人口群体意味着更高的工作效率、更强的创新意识和更好的团队协作能力。这些因素都是企业在竞争中取得优势的关键。人口素质的提升意味着消费者对产品和服务有更高的要求，反过来也会促使企业不断提升自身的产品和服务质量。

二、营商环境的评估体系

（一）行政效率与服务

行政效率与服务不仅是衡量一个地区吸引力和竞争力的重要标志，也是企业选择投资地点时的重要考量因素。高效的行政体系就像一台精密的机器，各个环节紧密相扣，确保企业在办理从注册到运营的各种手续时，能以最短的时间、最高的效率完成。这种高效不仅体现在速度上，而且体现在办理过程的顺畅性和服务质量上。当企业在面对复杂的市场环境和竞争压力时，一个负责任、响应迅速的政府就如同企业的坚强后盾。政府能够迅速响应企业的需求，及时解决企业在运营过程中遇到的问题，为企业提供有力的支持和帮助。这种高效的行政服务和良好的政府态度，不仅降低了企业的运营成本，还提高了企业的运营效率，使得企业能够更加专注于核心业务的发展和创新。正因如此，高效的行政效率与优质的服务必然会吸引更多的企业前来投资。当企业看到一个地区能够以高效、负责的态度服务于企业，自然愿意将资金和资源投入这个地区，从而进一步推动当地经济的繁荣发展。这种良性循环不仅有利于企业的快速成长，也有利于地区经济的持续健康发展。

（二）基础设施与资源

基础设施与资源是地区经济发展的基石，直接决定了一个地区的商业活力和吸引力。一个地区的基础设施建设水平，就像是人体的血脉系统，为整个经济体提供必要的支撑和养分。交通网络是这一系统中的大动脉。一个完善的交通网络能够确保原材料和成品的快速、高效运输，这对于企业来说非常重要。快速的物流通道意味着更低的库存成本和更快的市场响应速度，这会大幅提升企业的运营效率和市场竞争力。而稳定的资源供应是企业持续生产的生命线。无论是水资源、电力供应，还是其他重要原材料，稳定可靠的供应都是企业正常运营的必要条件。任何资源的短缺都可能导致生产中断，甚至可能给企业带来巨大的经济损失。现代化的通讯设施和市政公用设施也是企业所看重的。在这个信息化、网络化的时代，高效的通信设施是企业内部管理和外部沟通的关键要素。而完善的市政公用设施，如供水、排水、垃圾处理等，则直接关系到企业的日常运营环境和员工的生活质量。

（三）人力资源与教育

人力资源与教育是推动地区经济发展和企业创新的重要驱动力。一个地区的人力资源储备丰富，意味着企业有更多的选择空间，能够更容易找到合适的人才来支持业务的发展。这不仅有助于提升企业的运营效率，还能增强企业的市场竞争力。教育水平的高低直接影响着人才的培养质量和创新思维的发展。高水平的教育能够为企业培养出更多具备专业技能和创新思维的人才，这些人才在企业的各个岗位上都能发挥出重要作用。他们不仅帮助企业提升产品质量和服务水平，还能在关键时刻为企业提供创新的思路和解决方案，从而推动企业持续发展。特别是在当今这个知识经济时代，人力资源与教育的重要性更加凸显。一个地区如果重视人力资源的开发和教育水平的提升，就能为当地的企业提供更多的智力支持和人才保障，进而推动整个地区的经济繁荣和发展。因此，在评估营商环境时，我们必须将人力资源与教育作为重要的考量因素，这样才能全面地了解一个地区的商业潜力和投资价值。

（四）金融市场与融资环境

一个成熟稳定的金融市场就像一片沃土，能够为企业提供丰富的养分，即多样化的融资渠道和灵活的融资方式。在这样的市场环境下，企业可以根据自身的需求和实际情况，选择最适合的融资方式，从而以更低的成本、更高的效率获得所需的资金。融资的便捷性和低成本性是企业快速发展的关键因素。在金融市场发达地区，企业可以更加轻松地获取资金支持，无论是通过银行贷款、股权融资，还是债券发行等方式，都能以较快的速度筹集到所需资金。这不仅有助于企业及时抓住市场机遇，实现快速发展和扩张，还能在一定程度上降低企业的经营风险。金融市场的完善程度是衡量一个地区经济实力和发展潜力的重要标志。一个充满活力、健康发展的金融市场能够吸引更多的投资者和资本流入，从而推动当地经济的繁荣发展。这种正向循环不仅有利于企业的成长，也有利于整个地区经济的持续增长。

（五）市场环境与竞争

一个公平、开放、透明的市场环境，如同一片沃土，能够孕育出企业的创新活力和良性竞争。在这样的环境下，企业可以卸下防备，将更多的精力和资源投入产品研发和市场拓展上，而无须过分担忧不公平的竞争环境或市场壁垒的束缚。一个充满活力的市场，其竞争必然是激烈的。在激烈的市场竞争中，企业为了赢得更多的市场份额和客户认可，必须不断优化自身的管理和服务，提高产品的质量和性价比。这种竞争环境，就像一面镜子，让企业看清自身的优点和不足，从而有针对性地进行改进和提升。一个公平的市场环境意味着所有企业在同一起跑线上竞争，没有谁能够借助不正当手段获得优势。这样的环境不仅有利于企业的长远发展，也有助于提升整个行业的形象和信誉。在这样的市场环境下，企业可以更加专注于自身的核心业务，通过创新和努力来赢得市场的认可。

（六）社会稳定与安全

一个稳定的社会环境，如同给企业穿上了一层"防护服"，为企业的生产和运营提供了有力的安全保障。在这样的环境下，企业无须担忧因社会动荡或治安混乱而导致的生产中断或财产损失，从而更加专注于业务的拓展和创新。社会的稳定不仅保障了企业的物理安全，而且在心理层面给予了企业员工极大的安全感。员工是企业最宝贵的资源，他们的安全感和归属感直接影响到工作效率与团队凝聚力。在良好的社会治安状况下，员工能够安心工作，减少不必要的担忧，这不仅有利于构建和谐稳定的劳动关系，也能激发员工的积极性和创造力，为企业的发展注入源源不断的动力。社会稳定与安全直接影响着企业的声誉和形象。一个在社会稳定、治安良好地区运营的企业，往往更容易获得公众的信任和认可，这对于企业的品牌建设和市场拓展具有积极的影响。

（七）生活成本与居住环境

在当今人才竞争激烈的市场环境下，企业为了吸引并留住顶尖人才，必须考虑员工的生活品质和工作环境。合理的生活成本意味着员工在承担日常生活开销的同时，还能有所积蓄，为未来规划打下坚实的基础。而优美的居住环境能够让员工在工作之余，享受到宁静与舒适，从而提升他们的生活满意度。当员工感受到企业对他们的生活品质和居住环境的关心时，他们会更珍惜这份工作，对企业产生深厚的忠诚度和归属感。这种情感的连接远比单纯的薪资福利牢固，它能够让员工在面对其他工作机会时，仍然选择留在现有的企业。一个拥有良好居住环境和配套设施的地区，能满足员工及其家庭的各种生活需求。无论是购物、教育，还是医疗，一个完善的社区都能为员工及其家人提供便捷的服务。这不仅降低了员工的生活压力，也使得他们在工作中更加专注和高效。因此，当企业在评估一个地区的营商环境时，生活成本与居住环境是一个不能忽视的重要方面。这直接关系到企业能否吸引并留住那些宝贵的人才，从而确保企业在激烈的市场竞争中保持领先地位。

第二章 高质量发展、企业成长及营商环境优化的关系研究

第一节 高质量发展与企业成长的互动联系

一、高质量发展引领企业创新升级

(一) 创新升级的动力与方向

1. 市场需求的变革力量

市场需求的变革是推动企业创新升级的强大动力。消费者偏好的不断变化，不仅是对产品和服务外观或功能的简单调整，而且是深层次地反映了人们对于生活品质、使用体验和环保等方面的新追求。传统的产品和服务，若不能与时俱进，很可能就会被市场淘汰。市场需求的变革，实际上是对企业敏锐度和适应能力的考验。企业必须时刻保持警觉，紧密关注市场动态，深入洞察消费者的真实需求和期望。只有这样，企业才能及时捕捉到市场的微妙变化，从而调整自身的产品或服务策略，通过创新来满足这些新需求。市场竞争的日益激烈使得创新变得尤为重要。在众多的竞争者中，如何脱颖而出，如何为消费者提供独特且有价值的产品或服务，成为每个企业必须面对的问题。创新，不仅可以帮助企业抢占市场份额，还能巩固和增强其竞争优

势，确保企业在激烈的市场竞争中立于不败之地。

2. 技术进步的引领作用

随着科技日新月异，新技术层出不穷，这不仅深刻地改变了传统行业的格局，还为企业带来了前所未有的发展机遇。新技术的引入，使得传统的生产方式和商业模式得以革新，从而让企业更高效地生产，更精准地满足市场需求。例如，通过引入自动化技术，企业可以大幅提高生产效率，减少人力成本，同时提升产品质量。而大数据和云计算技术的应用，使得企业更深入地分析市场趋势和消费者行为，为产品研发和市场策略提供有力支持。人工智能技术的快速发展，更是为企业带来了全新的服务模式和创新机会。这些技术的运用，不仅提升了企业的运营效率和市场竞争力，还极大地拓展了企业的创新边界。企业可以基于这些先进技术，开发出前所未有的产品或服务，从而在市场中脱颖而出。

3. 高质量发展的内在要求

高质量发展已经成为当今企业发展的核心追求。为了实现这一目标，企业不能仅停留在传统的经营模式和产品上，而必须在产品、服务及管理等多个层面进行持续且深入的创新升级。在产品方面，高质量的产品不仅意味着没有瑕疵，而且代表着卓越的性能和出色的用户体验。为了达到这一标准，企业需要不断地探索新技术、尝试新材料、应用新工艺。在服务方面，高质量的服务不仅是满足客户的需求，更是要超出客户的期望。这需要企业在服务流程、服务态度及后续支持等方面进行精细化的管理和创新。在管理方面，高质量的管理意味着更高的运营效率、更完善的内部控制和更强的风险抵御能力。这要求企业必须不断创新管理模式，引入更先进的管理方法和工具，确保企业在快速变化的市场环境中始终保持领先地位。

（二）创新升级的实施路径

1. 研发投入与技术突破

随着科技的飞速发展，企业必须不断加大对研发的投入，才能跟上时代的步伐。通过深入的市场调研和技术分析，企业可以确定研发方向，集聚资源进行关键技术的研究与开发。技术突破不仅能够提升产品的性能和质量，还能为企业开拓新的市场领域，增强竞争优势。研发投入也是企业持续创新的重要保障，只有不断地进行实验和探索，企业才能在激烈的市场竞争中保持领先地位。

2. 管理模式的创新与优化

传统的管理模式可能已经无法适应企业快速发展的需求，因此，企业需要对现有的管理模式进行审视和改进。通过引入先进的管理理念和方法，结合企业的实际情况，打造出高效、灵活且适应市场变化的管理模式。管理模式的创新不仅可以提高企业的运营效率，还能激发员工的创造力和工作热情，为企业的持续发展注入新的活力。

3. 市场拓展与国际化战略

随着全球化的深入发展，企业不能局限于本地市场，而应该积极寻求更广阔的发展空间。通过深入了解不同地域、不同文化的市场需求，企业可以有针对性地开发适合当地市场的产品和服务，实现市场的多元化拓展。国际化战略也是企业提升品牌影响力和竞争力的重要手段。通过与国际知名企业合作、参加国际展览等方式，企业可以更快地融入国际市场，提升自身的品牌价值和市场份额。

二、企业成长助力高质量发展的实现

（一）企业成长的战略意义

1. 增强经济实力与市场竞争力

企业成长不仅是规模上的扩张，也是综合实力和市场竞争力的全面提升。随着企业不断壮大，其经济实力日益增强，这种实力的累积为企业参与更广泛、更激烈的市场竞争提供了坚实的物质基础。企业成长意味着更多的资金投入、更先进的技术引进和更完善的管理体系，这些都是企业在市场竞争中不可或缺的要素。成长中的企业由于具备了更强的适应性和创新能力，因此能够灵活地应对市场的快速变化。无论是消费者需求的转变，还是行业趋势的演进，这些企业都能迅速做出反应，调整战略，抢占先机。经济实力的增强让企业在面对外部风险时更有底气，无论是经济周期的波动，还是突发事件的冲击，都能稳健应对。随着企业经济实力的提升，其品牌形象也日益凸显。一个强大的企业不仅意味着高品质的产品和服务，也代表着一种信誉和承诺。这种信誉会吸引更多的客户和合作伙伴，形成良性循环，进一步巩固和提升企业在市场中的地位。

2. 推动产业结构优化升级

随着企业的逐步壮大，其业务范围不断拓宽，技术水平也日益精进。这种发展态势促使企业持续引进新技术、新工艺，以不断提升自身的生产效率和产品品质。而这种技术革新不仅局限于企业内部，也是对整个相关产业产生了深远的影响。新技术的引入和应用，推动了相关产业的技术进步和创新，使得整个产业的生产效率和竞争力都得到了提升。成长中的企业不满足于现状，积极拓展新领域，探索新的增长点。这种多元化的经营策略，不仅为企业自身带来了更多的发展机遇，也拉动了相关产业的协同发展，进一步推动了产业结构的优化升级。这种优化升级的趋势，使得产业结构更加多元化、高端化，增强了整个产业的抗风险能力和市场竞争力。新技术的应用和新领域的开发，也为经济发展注入了源源不断的新活力，推动了整个经济的持续、健康发展。

3. 培育新动能与创造就业机会

企业成长对于社会的贡献远不止于经济层面，更在于其为培育新动能和创造就业机会所带来的深远影响。随着企业的日益壮大，其业务范围逐渐拓宽，市场占有率稳步提升，这为经济发展注入了强劲的新动力。企业的成长，往往伴随着新产品的研发和新市场的开拓，这些都是推动经济持续增长的关键因素。企业的快速发展意味着对人力资源的需求不断增加。为了支撑业务的不断拓展和高效运营，企业需要招募更多的员工，这不仅直接创造了大量的就业机会，还有效地缓解了社会的就业压力。更重要的是，这些新增的就业岗位，为广大劳动者提供了展示自我、实现价值的平台，进一步促进了人才的流动和合理配置。由此可见，企业成长所带来的新动能和就业机会，对于提升社会的整体经济水平、维护社会稳定及促进和谐发展都具有十分重要的意义。

（二）企业成长的路径与策略

1. 创新驱动与研发投入

创新驱动作为推动企业持续成长的重要引擎，正日益受到各类企业的重视。在科技迅猛发展的时代背景下，技术更新换代速度极快，企业若想保持领先，就必须坚持技术创新，不断探索和突破。通过增加研发投入，企业能够深入研究市场需求，开发出更符合消费者期待的新技术和新产品，从而在激烈的市场竞争中占据一席之地。然而，创新并非易事，这要求企业不仅具备雄厚的研发实力，还要营造出一种积极鼓励创新、勇于面对失败的文化氛围。只有这样的环境才能激发员工的创造力和探索精神，才能促使企业不断创新，推出更多具有市场竞争力的产品，从而为企业成长注入源源不断的动力。

2. 市场拓展与品牌建设

随着企业的不断发展壮大，其对于更大市场空间的需求也日益迫切。为了满足这一需求，企业必须积极寻找并开拓新的市场机会。通过深入细致的市场调研，企业可以准确地把握消费者的偏好和需求变化，这对于开发符合市场趋势的新产品至关重要。品牌的建设和维护不容忽视。一个具有影响力和美誉度的品牌，不仅能够提升产品的知名度，还能够增强消费者对产品的信任感，从而提高他们的忠诚度。这种信任度和忠诚度的提升，会进一步推动企业的稳健成长。

3. 并购重组与资源整合

并购重组已被众多企业视为实现快速成长的捷径。通过并购，企业能迅速吸纳被并购方的优势资源、先进技术和稳定市场，从而在短时间内大幅提升自身的综合实力和市场占有率。但并购仅是第一步，资源整合才是关键。资源整合涉及对并购后各类资源的重新分配和优化，旨在发挥最大的协同效应，提升整体运营效率。这涵盖了物质资源的合理分配、人力资源的有效配置、技术资源的深度融合，以及企业文化的交融与共建。只有经过细致的资源整合，企业才能真正实现并购的价值，迅速扩展业务规模，提升市场竞争力，迈向更高的发展阶段。

三、高质量发展背景下的企业战略调整

（一）加强创新驱动，提升核心技术能力

在高质量发展背景下，技术创新和产品研发成为企业持续发展的关键因素。为了实现技术突破和产品升级，企业必须深刻认识到技术创新的重要性，并付诸实践。通过增加研发投入，企业可以加速新技术的研发进程，推动产品的迭代更新。积极引进和培养高端人才是提升核心技术能力的重要环节。企业应与国内外知名高校、科研机构建立紧密的合作关系，借助外部智力资源，共同开展技术研究和项目开发。这种产学研相结合的模式，不仅有助于企业快速掌握前沿技术，还能提高企业的创新能力和市场竞争力。除了外部合作，企业内部也应鼓励员工积极参与创新活动。通过设立创新奖励机制、举办技术创新大赛等方式，激发员工的创新热情和创造力。营造一种积极向上、敢于尝试、宽容失败的创新氛围，让员工敢于挑战传统，勇于探索未知。

（二）优化产品结构，满足消费升级需求

随着消费升级趋势的不断加剧，市场需求的多样性和个性化日益凸显。企业必须紧跟市场脉搏，敏锐捕捉消费者需求的变化，以便及时调整产品策略，满足市场的新期待。为了实现这一目标，深入的市场调研是必不可少的环节。通过调研，企业可以准确地把握消费者的喜好、购买习惯及价格敏感度，从而为新产品开发提供有力的数据支持。在了解市场需求的基础上，企业应着重于开发出更符合当前市场趋势的新产品。这不仅意味着产品功能的升级，还包括外观设计、用户体验等多个方面的提升。通过增加产品的附加值，如提供更好的服务、更完善的售后保障等，企业可以进一步提高产品的市场竞争力。品牌营销和服务体系的建设也不容忽视。一个强有力的品牌能够增强消费者对产品的信任度和忠诚度，而优质的服务能提升消费者的购物体验。

（三）推进绿色发展，实现可持续发展目标

绿色发展不仅是国家政策的导向，还是企业社会责任的体现和可持续发展的必由之路。为了响应国家绿色发展政策，企业必须积极推进清洁生产，努力降低生产活动对环境的影响。通过引进新技术、新工艺，企业可以更有效地利用资源，减少能源消耗和废弃物排放，从而在提高生产效率的同时，也提升了环保性能。节能减排也是企业绿色发展的重要一环。通过优化生产流程、更新节能设备，企业在保证产品质量的前提下，降低能源消耗，减少温室气体排放，为应对全球气候变化贡献自己的力量。企业还应加强废弃物处理和资源回收利用工作。这不仅能够减少废弃物对环境的污染，还能变废为宝，实现资源的循环利用。通过这些措施，企业在保护环境的同时，促进了经济的增长和社会的和谐，真正实现了经济、社会和环境的协调发展。

（四）加强人才培养，提升企业整体素质

为了确保企业的长远发展，企业必须深度关注人才的培养和引进。这不仅包括为员工提供专业技能的培训，还涉及领导力、团队协作能力等多方面的提升。通过建立一套完善的人才培养体系，企业可以确保员工持续进步，不断适应市场和企业发展的需求。为了真正吸引并留住顶尖人才，企业还需要构建具有吸引力的激励机制和明确的晋升通道。这样，员工才能看到自己在企业中的未来，从而更加投入地工作。除了物质和职位上的激励，企业文化的建设同样重要。一个健康、积极的企业文化能够激发员工的工作热情，使他们更加认同企业的价值观和目标。当员工真正感受到自己是企业大家庭中的一员时，他们的归属感和凝聚力自然会得到提升，从而为企业创造更大的价值。

四、企业技术创新在高质量发展中的作用

（一）推动产业升级与转型

1. 提高产品附加值与技术含量

通过技术创新，企业能够不断探索新技术、新工艺，进而研发出高技术

含量、高附加值的产品。这些产品不仅满足了消费者对高品质生活的追求，而且在激烈的市场竞争中为企业赢得了先机。高技术含量意味着产品在技术层面上的创新和突破，这为企业树立了技术领先的形象，吸引了更多对技术品质有要求的消费者。高附加值体现在产品的设计、功能、品质等多个方面，使得产品更具市场竞争力，能够实现更高的溢价。这种技术创新带动的产品升级，不仅提升了企业的品牌形象和市场地位，而且有助于企业摆脱低端制造的标签，向产业链的高端攀升。当企业不再局限于简单的生产制造，而是能够掌握核心技术，研发出高品质、高价值的产品时，其在产业链中的地位和话语权也将随之提升。这种转变不仅有利于企业的长远发展，也是对高质量发展目标的积极响应和实践。

2. 促进产业结构优化

随着科技的不断进步，企业所进行的技术创新活动不再局限于产品层面的改进，而是涉及全新的技术领域和产业模式的探索。这些创新活动为新兴产业如人工智能、大数据、云计算等提供了强大的技术支持和市场动力，从而促进了这些产业的快速发展。在高端制造业领域，技术创新推动着制造业向更高端、更精细化的方向发展。通过引入先进的技术和设备，企业生产出更高品质、更高性能的产品，满足市场和消费者的多样化需求。企业技术创新的方向引领着整个产业的发展趋势。当企业在某一技术领域取得突破时，这种突破往往会成为整个产业发展的新方向和新动力。因此，技术创新不仅为企业自身带来了发展机遇，而且为整个产业结构的优化升级注入了新的活力，推动了高质量发展的进程。

（二）提升经济效益与市场竞争力

1. 降低成本，提高效率

技术创新在企业运营中起到了举足轻重的作用，特别是在改进生产工艺和提高生产效率方面。通过引入先进的技术和智能化设备，企业大幅优化生产流程，减少不必要的生产环节和人力成本，从而提高生产效率。这种效率的提升，意味着在相同的时间内，企业能够生产出更多的产品，这为企业带来了更大的生产能力。技术创新帮助企业降低了生产成本。优化的生产工艺减少了原材料的浪费，提高了资源利用率，这使得单位产品的成本得到有效控制。在激烈的市场竞争中，低成本意味着企业在定价方面拥有更大的灵活性，这不仅能够增加企业的利润空间，还能使企业在价格竞争中占据明显优势。

2. 增强品牌影响力

而拥有核心技术正是企业在市场中树立独特品牌形象的关键。这些核心技术不仅是企业产品高质量、高性能的保证，还是企业独特性和创新能力的体现。当消费者意识到某个企业拥有行业领先的技术时，他们自然会对其产品产生更多的信任和好感。通过技术创新，企业不断推出新颖、独特且高品质的产品，从而在消费者心中塑造出积极、创新的品牌形象。这种品牌形象一旦形成，就会吸引更多消费者的关注和信赖，进一步提升企业的市场竞争力。因此，技术创新不仅是企业提升产品性能和质量的重要手段，而且是塑造和提升品牌影响力不可或缺的工具。

（三）实现可持续发展与环境保护

1. 促进绿色生产与循环经济

在面临日益严峻的环境问题时，技术创新成为推动企业实现绿色生产的重要力量。通过引进环保技术和改进生产工艺，企业降低了生产过程中的能耗，减少了废气、废水和固体废物的排放，这不仅有助于改善环境质量，还能使企业更好地履行环保责任。技术创新在资源循环利用方面发挥着关键作用。通过研发和应用先进的资源回收技术，企业可以实现生产过程中产生的废弃物和副产品的再利用，从而构建起循环经济体系。这种循环利用不仅节约了原材料，降低了生产成本，还减少了对自然资源的开采压力，从而促进了经济的可持续发展。因此，技术创新对于推动企业实现绿色生产和构建循环经济体系具有重要意义。企业应积极投入研发，不断探索新的环保技术和资源循环利用方法，为保护环境、实现可持续发展贡献力量。

2. 增强企业社会责任与形象

致力于技术创新的企业，通常会将社会责任视为自身发展的重要组成部分。这些企业深知，通过绿色生产、节能减排等环保措施，不仅有助于保护环境、节约资源，还能在公众心目中树立良好的企业形象。当企业在技术创新的同时，也关注并投身于环保和社会责任事业，它就有可能获得政府、合作伙伴和消费者的支持。这种支持不仅体现在市场份额的扩大和销售额的增长上，还体现在企业品牌价值的提升和可持续发展能力的增强上。注重社会责任的企业往往能够吸引和留住那些具有共同价值观的人才，这些人才是企业最宝贵的资源。

第二节　高质量发展与营商环境的相互关系

一、营商环境是高质量发展的基础

（一）营商环境对高质量发展的支撑作用

1. 提供稳定的市场环境

稳定的市场环境是高质量发展的基石，它为企业提供了一种可预测性和稳定性，使得企业能够有信心和决心进行长远规划。在这样的市场环境下，企业不再需要为短期的市场波动或政策变化而担忧，而是可以更加专注于基于长期市场趋势和消费者需求来精心制定自身的发展战略。这种市场稳定性所带来的好处是多方面的。首先，它减少了企业经营过程中所面临的不确定性。在多变的市场环境中，企业需要不断调整策略以适应市场的快速变化，这不仅增加了运营成本，还可能影响企业的长期发展规划。而在稳定的市场环境下，企业可以更加从容地进行市场分析和预测，从而制定出更合理和有效的经营策略。其次，稳定的市场环境可以鼓励企业进行长期投资。由于市场环境相对稳定，企业就有信心进行大额投资，以推动产业升级和技术创新。这种长期投资不仅有助于提升企业的竞争力，还能为整个行业的技术进步和产业升级做出贡献。最后，一个稳定的市场环境还能吸引更多的国内外投资者。这些投资者看重的是长期回报和稳定的经营环境，而一个稳定的市场正好能够满足他们的这一需求。因此，稳定的市场环境不仅有助于本地企业的发展，还能吸引更多的外部资金和资源，进一步推动地区的经济繁荣。

2. 促进创新活动的展开

创新是推动高质量发展的核心驱动力，这一点在经济全球化的今天显得尤为突出。一个优越的营商环境能够极大地激发企业的创新活力，并成为推动经济持续增长的关键因素。在这样的营商环境中，企业被赋予了更多的自由和机会去探索新的技术领域、开发创新产品和服务模式。这种鼓励不仅源于市场的竞争压力，更得益于政府的大力支持和引导。政府通过出台税收优惠、资金支持等一系列扶持政策，降低了企业创新的成本和风险，使得企业更有信心和动力去尝试新的可能。除了政策扶持，政府还积极建立创新平台和科技园区，为企业提供与同行交流、合作的机会。这些平台和园区不仅聚集了大量的创新资源，还形成了良好的创新生态，使得企业能够在其中快速成长，实现技术的突破和市场的拓展。值得一提的是，良好的营商环境还体现在对知识产权的严格保护上。知识产权是企业创新成果的重要体现，也是企业核心竞争力的关键因素。一个尊重和保护知识产权的营商环境，能够确保企业的创新成果得到应有的回报，防止技术剽窃和侵权行为的发生。这种法律保障为企业投入资本进行研发提供了坚实的后盾，使得企业能够放心大胆地开展创新活动。

3. 提升资源配置效率

一个透明、公正的市场环境，就像是一盏明灯，为资源的流动指明了方向，使其能够更迅速地流向最需要、利用效率最高的领域。这种高效的资源配置得益于营商环境中多个关键要素的协同作用。第一，完善的法律法规为市场参与者提供了明确的规则和边界，确保了市场交易的公平性和合法性。在这样的法律框架下，企业能够依法经营，投资者能够放心投资，从而促进了资源的合理流动和有效配置。第二，高效的行政审批流程大幅缩短了企业从筹备到运营的时间周期，减少了不必要的行政干预和烦琐手续。这不仅降低了企业的制度性交易成本，还提高了市场效率，使得资源能够更快地投入生产和服务中去。第三，公开透明的市场信息是企业决策的重要依据。在这样的市场环境中，企业能够实时获取市场动态和行业需求信息，从而更准确地制定生产和经营策略，避免资源的盲目投入和浪费。第四，政府通过提供公共服务、加强基础设施建设等方式，进一步优化了企业的运营环境。这些举措不仅降低了企业的运营成本，还提高了资源的使用效率，使得每一份资源都能发挥出其最大的价值。

（二）营商环境优化的必要性

1. 增强国际竞争力

一个出色的营商环境，就像一个强大的磁场，能够吸引世界各地的国际企业前来投资兴业。这些企业的入驻，不仅为当地带来了先进的生产技术和管理经验，还极大地推动了当地经济与国际市场的深度融合。为了打造这样一个具有吸引力的营商环境，政府需要采取一系列切实有效的措施。通过这些措施的实施，一个更加开放、透明、高效的市场环境将逐步形成。这样的市场环境不仅会吸引更多的外资流入，促进国际贸易的繁荣发展，还能为当地企业搭建一个更广阔的舞台，使它们在国际市场上展现出更强大的竞争力。

2. 激发市场主体活力

市场主体是经济活动的重要驱动力，它们的活力和创新力对经济的持续增长起着决定性作用。为了充分释放这种潜力，优化营商环境成为关键条件。通过降低市场准入门槛，可以使更多的企业和创业者有机会参与到市场竞争中来，从而增加市场的多样性和活力。减轻企业负担同样重要，过重的税负和烦琐的行政程序可能会压抑企业的创新精神和扩展意愿。优化营商环境意味着减少这些不必要的负担，让企业能够更专注于自身的核心业务和发展战略。当企业在更自由、更公平的环境中运营时，它们的创新潜能才会得到更好的释放。更少的行政干预意味着企业可以更快地做出决策，更灵活地应对市场变化。而公平的市场竞争则鼓励企业通过提升产品或服务的质量来赢得消费者的青睐，而不是依赖不正当的竞争手段。

3. 促进社会公平正义

在一个公平、公正的营商环境中，每一个市场主体都被赋予了平等的机会与权利，可以在同一起跑线上展开竞争。这种环境的构建，实际上是在维护社会公平正义的基石。如果市场环境充斥着不公平的政策或制度，那么资源的分配必将失衡，某些企业或个人可能会因此获得不当之利，而大多数人则可能遭受损失。这不仅会打击市场参与者的积极性，还可能引发社会的不满和冲突。为了避免这种情况发生，加强法治建设显得尤为重要。通过法治来约束市场行为，打击不正当竞争和腐败，可以为所有市场主体营造一个公正、透明的竞争环境。在这样的氛围下，企业能够健康成长，市场秩序得以维护，而社会的和谐与稳定也随之而来。

二、高质量发展对营商环境提出更高要求

（一）市场化营商环境的推进

1. 深化市场准入制度改革

在推进市场化营商环境的深刻变革中，深化市场准入制度改革显得尤为重要，这不仅是简化行政流程的问题，也是对市场活力的一次全面释放。通过这一改革，致力于打破长期以来形成的行政壁垒。降低市场准入门槛，意味着为更多具备创新精神和实力的企业敞开大门，让它们能够在公平的竞争环境中一展身手。为了实现这一目标，简化审批流程和减少烦琐的前置条件成为改革的重点。这不仅提高了行政效率，而且降低了创业的门槛，使得那些有梦想、有能力的创业者能够更轻松地踏入市场，参与到激烈的商业竞争中。公开透明的市场准入机制的建立，更是为所有市场主体提供了一个公平的竞技场。在这里，不再有特权和偏袒，每个企业都站在同一起跑线上，凭借自身的实力和智慧去争夺市场份额。这种改革不仅为企业带来了更广阔的发展空间，也为整个市场经济注入了新的活力。市场的多元化和竞争性得到了进一步提升，从而推动了经济的持续繁荣。

2. 促进市场公平竞争

促进市场公平竞争，这是市场化营商环境推进中非常重要的核心目标。要实现这一目标，就必须以零容忍的态度对待任何形式的不正当竞争行为，

如价格欺诈、虚假宣传等，坚决予以打击，从而确保市场的秩序井然。同时，建立健全的市场监管体系也是关键环节。通过这一体系，能够更有效地对市场主体进行全方位的监督和引导，使其严格遵守公平竞争的原则，不越雷池一步。除此之外，信息的公开和透明度建设也至关重要。只有当市场信息更加对称，消费者和企业才能做出更明智的决策。这些措施的综合实施，将为一个更加公平、公正的市场环境奠定坚实的基础。在这样的环境下，每个企业都能获得真正公平的竞争机会，从而全面推动市场经济的健康发展。

（二）国际化营商环境的打造

1. 提升贸易便利化水平

在全力打造国际化营商环境的过程中，提升贸易便利化水平是尤为关键的。这一目标的实现涉及众多环节，其中包括简化烦琐的进出口流程、提高通关效率及优化物流服务等。这些方面的改进不仅能够提升企业的运营效率，还能增强我国在全球贸易中的竞争力。特别是通过推进"单一窗口"这一创新模式的建设，能够实现真正意义上的一站式服务。这意味着企业在办理进出口手续时，无须再奔波于多个部门之间，只需通过一个窗口就能完成所有相关手续，从而大幅减少了办理时间和成本。这种高效的服务模式将极大地提升企业的满意度和运营效率。同时，为了进一步提升物流效率，加强口岸基础设施建设也是很重要的。通过投入更多资源用于改善和升级口岸设施，能够确保货物更快速、更安全地通过口岸，从而为企业提供更便捷的服务。

2. 加强国际合作与交流

通过积极参与国际经贸规则的制定过程，中国不仅能够在全球贸易体系中发挥更大的作用，还能够为中国企业在海外市场的拓展提供坚实的支持和全面的保障。与国际贸易组织的紧密合作，更是为中国企业"走出去"铺设了一条宽广的道路，帮助它们更好地融入全球经济体系。除此之外，通过举办国际会议，中国不仅能够展示自身的经济实力和国际影响力，还能够借此机会与世界各国进行深入交流与合作。同时，建立稳定的国际合作机制，有助于巩固和拓展中国的国际朋友圈，为国内企业开辟更多的国际合作机会。

在当前复杂多变的国际形势下，加强国际合作与交流的紧迫性更加凸显。这不仅有助于提升中国在国际舞台上的话语权，还能够为中国经济的持续发展注入源源不断的新动力。

（三）便利化营商环境的优化

1. 提升政务服务水平

政务服务的效率和质量直接影响着企业的经营活动和投资者的信心。为了实现政务服务的提升，必须推进政务流程的简化与标准化，减少不必要的环节和等待时间，使企业能够快速高效地办理各类手续。同时，加强政务服务的透明度，通过公开办事指南、提供在线咨询等方式，让企业了解办事流程和所需材料，避免"跑腿"和"摸黑"现象。此外，建立政务服务评价机制，及时收集企业反馈，不断优化服务流程，真正做到以企业需求为导向，打造高效、便捷的政务服务环境。

2. 加强基础设施建设

基础设施的完善不仅关乎企业的日常运营，而且影响整个区域的经济发展。交通、水电、通信等基础设施的建设和升级，能够为企业提供更加稳定、高效的生产经营环境。特别是随着数字经济的快速发展，提升信息基础设施水平显得尤为重要。通过加大投入，构建高速、安全、可靠的网络环境，支持企业实现数字化转型，提高运营效率。同时，优化城市规划和公共交通，减少企业物流成本，提升企业竞争力。这些基础设施的改善，将为企业创造更加便利的营商环境，从而促进经济的持续健康发展。

三、营商环境与高质量发展相互促进

（一）优化营商环境，助力高质量发展

1. 营商环境改善对高质量发展的推动作用

优化营商环境在降低企业经营成本和提高市场竞争力方面发挥着重要作用。在良好的营商环境下，烦琐的行政手续被简化，企业能够更快速地完成

各项审批，这不仅减少了时间成本，还降低了因等待审批而产生的各种费用。此外，公平的市场竞争环境意味着所有企业都能在同一起跑线上竞争，这激发了企业不断创新和提升服务质量的动力，从而提高了整个行业的市场竞争力。在这样的环境下，人才能够看到自己的努力得到公正的回报，他们的创新精神和专业技能能够得到充分发挥。这不仅为地区带来了丰富的人力资源，也为创新创业活动注入了强大的活力。这些创新创业项目往往能够带来新的经济增长点，为高质量发展提供持续的动力。因此，优化营商环境不仅关乎企业的日常运营，而且深远地影响着整个经济体系的健康发展和产业升级。

2. 高质量发展对营商环境的要求

高质量发展作为当前经济发展的重要方向，对于营商环境提出了更高的要求。一个完善的营商环境不仅需要健全的法律法规体系来保障市场主体的合法权益，确保合同的执行和知识产权的保护，从而为企业提供稳定可靠的法律支持，还需要政府提供更加高效的服务，使其能够更加专注于核心业务的发展和创新。同时，便捷的市场准入和退出机制也是高质量发展中不可或缺的一环，它能够让企业更加灵活地应对市场变化，及时调整经营策略，实现资源的优化配置。只有建立起这样一个与高质量发展相适应的营商环境，才能最大限度地减少市场主体的运营障碍，为其提供更加广阔的发展空间。在这样的环境下，企业的活力和创造力将得到充分激发，从而推动整个经济体系实现更高质量、更可持续的发展。

（二）高质量发展引领营商环境持续优化

1. 高质量发展提升营商环境品质

随着经济的高质量发展，企业对于营商环境的要求也日益严苛。这不仅体现在对基础设施、政策法规等传统硬件方面的需求，还表现在对创新氛围、人才集聚等软环境因素的关注。面对企业的这些新需求，政府和相关机构必须不断进行自我革新和优化，以打造一个更加适应新时代发展要求的营商环境。在这一过程中，政府需要密切关注市场动态，及时了解企业的真实需求，通过政策引导和资源倾斜，为企业提供更加精准有效的支持。同时，相关机构也应积极行动起来，加强与企业的沟通交流，共同探索营商环境优化的新路径。高质量发展所带来的经济效益和社会效益，为营商环境的持续改善注入了新的活力。随着经济效益的提升，政府有更多的财力投入营商环境的建设中，从而为企业提供更加优质的服务。而社会效益的增强，意味着公众对于良好营商环境的期待和要求也在不断提高，这进一步推动了政府和相关机构在营商环境优化方面的努力。

2. 营商环境优化促进高质量发展良性循环

营商环境的持续优化，为企业打造了一个更加理想的发展舞台。在这样的环境中，企业不再被烦琐的行政审批、不明确的法律环境或是不稳定的市场预期所困扰，而是能够心无旁骛地投入产品的研发、服务的提升及市场的拓展中去。这种专注不仅提升了企业的核心竞争力，还助力其实现技术的突破和模式的创新，从而在激烈的市场竞争中脱颖而出。良好的营商环境形成了一种良性循环。企业的成功吸引了更多的目光和投资，这些新鲜血液的注入为企业提供了更多的资源和机会，推动其进一步壮大。与此同时，营商环境的改善也如一块磁铁，吸引了大量的高素质人才。他们的加入，不仅提升了企业的整体实力，而且为其带来了源源不断的创新力。这种人才、资本与技术的汇聚，共同推动了高质量的发展，使得整个经济体系更加充满活力和竞争力。

四、高质量发展对营商环境的反哺效应

（一）高质量发展提升营商环境质量

1. 经济增长带来的资源投入

高质量发展引领经济增长，为营商环境的改善注入了强大的资源。随着经济的稳步增长，政府财政收入相应增加，这使得更多的资金可以被投入营商环境的优化中。这些资金不仅用于基础设施的升级和建设，如改善交通网络、提升数字化设施等，还用于提升政府服务水平和效率，如简化审批流程、构建电子政务平台等。此外，经济增长还带动了相关产业的发展，为营商环

境提供了更多的人才、技术和信息支持。这些资源的投入，直接促进了营商环境的整体提升，使企业能够享受到更加便捷、高效的服务，从而进一步推动经济的持续健康发展。可以说，经济增长带来的资源投入是高质量发展提升营商环境质量的重要保障。

2. 产业升级促进环境改善

高质量发展是一个动态的过程，它通常伴随着产业结构的深度调整和全面优化。在这个过程中，新兴产业的蓬勃兴起与传统产业的转型升级并驾齐驱，共同推动了经济效益的显著提升。然而，这种产业升级的步伐也对营商环境提出了新的、更高的要求。新兴产业，如数字经济、绿色能源等，它们的发展需要更加灵活、开放和创新的营商环境来支撑。同时，传统产业的改造升级也要求营商环境能够适应新的生产方式和市场需求。这些变化都迫使政府和相关机构必须对营商环境进行持续的改善和优化。为了满足新兴产业发展的需求，政府和机构不仅简化了行政审批流程，还加强了知识产权保护，优化了税收政策，甚至为创新型企业提供了更多的金融支持和人才引进政策。这些举措都是为了打造一个更加公平、透明、高效的营商环境，从而推动产业结构的进一步优化和经济的高质量发展。

（二）高质量发展吸引更多资源投入营商环境建设

1. 人才和资金的集聚效应

高质量发展地区以其强大的经济实力、优越的地理位置和良好的发展前景，往往能够吸引更多的高素质人才和资金集聚。这些人才不仅具备丰富的知识和专业技能，还拥有前瞻性的视野和创新精神，他们的到来为当地经济注入了新的活力和创意。大量的资金流入为该地区的经济发展提供了强大的动力，促进了各类项目的顺利推进和产业的快速升级。以某高质量发展地区为例，该地区通过出台优惠政策、完善生活配套设施、打造创新创业平台等举措，成功吸引了大量高端人才和科技创新资金。这些人才和资金的汇聚，使得该地区在短时间内便打造出了一个具有国际竞争力的创新创业环境。众多创新型企业如雨后春笋般涌现，新兴技术不断突破，为当地经济带来了巨大的推动力，同时也为营商环境的持续优化提供了坚实的支撑。

2. 政策和制度的创新

高质量发展对政府在政策和制度上的创新与完善提出了明确要求。为了满足这一发展需求，政府必须与时俱进，不断调整和优化相关政策与制度，以更好地适应市场变化和经济发展需求。以某地政府为例，为了推动高质量发展，积极出台了一系列优惠政策和便民措施。这些政策不仅降低了企业的运营成本，还提高了行政效率，大大减少了企业办理各类手续的时间和精力。在这样的政策吸引下，大量企业纷纷选择入驻该地区，进一步促进了当地经济的繁荣。这种政策和制度上的创新与完善，不仅优化了营商环境，还为当地带来了更多的就业机会和税收收入，从而实现了政府与企业的共赢。

第三节　营商环境与企业成长的影响机制

一、营商环境的定义与重要性

（一）营商环境的定义

1. 广义的营商环境

广义的营商环境是一个多维度的概念，其涵盖了影响企业活动的方方面面。这个环境不仅包括那些显而易见的"硬环境"要素，如经济状况、政治制度、法律体系等，这些方面为企业运营提供了基础的框架和条件。更重要的是，广义的营商环境还将社会文化这一"软环境"纳入其中。社会文化环境虽然看似难以量化，但实际上它对企业的影响是深远而持久的。社会文化环境包括当地的风俗习惯、价值观念、教育水平、宗教信仰等诸多方面。这些因素不仅影响着消费者的购买行为和审美偏好，还决定了企业能够吸引和留住的人才类型。在一个尊重创新、鼓励尝试的社会文化环境中，企业更有可能推出新颖的产品和服务，从而在激烈的市场竞争中脱颖而出。

2. 狭义的营商环境

狭义的营商环境具体指的是企业在其生命周期的各个阶段——从开设到经营、贸易活动、纳税、关闭及执行合约——所面临的一系列政策法规环境。这一环境直接决定了企业在日常经营活动中所需投入的时间和成本。例如，企业开设时所需完成的注册流程、经营过程中要遵守的各种规定、进行贸易活动时的进出口政策、纳税的规章制度，以及合约执行的法律保障等，都是狭义营商环境的重要组成部分。这些因素不仅关系到企业运营的顺畅性，也直接影响到企业的经营成本和效率。在一个优化了的狭义营商环境中，企业能够更快速地完成各项手续，减少不必要的时间和金钱消耗，从而更加专注于核心业务的发展和市场的拓展。

（二）营商环境的重要性

1. 影响企业投资决策

一个稳定、透明且公平的营商环境，就如同稳固的基石，为企业的长远发展提供了坚实的支撑。在这样的商业氛围下，国内外投资者对于投资前景充满了信心。他们深知，在这样的环境下，他们的资金将被投放到具有巨大潜力的项目中，而这些项目有望在稳定的市场和政策环境下茁壮成长。投资者们确信，他们的投资将获得应有的回报，同时他们的权益也将得到全面的保护。这种信任不仅源于营商环境的稳定性，更源于政府对商业行为的规范和对投资者权益的尊重。营商环境的不断优化，不仅成功吸引了更多的资金流入市场，更重要的是，它促进了资本的合理流动和高效配置。这种高效的资本利用方式，为经济的发展注入了强大的动力，从而推动了整个社会经济的持续健康发展。

2. 提升企业运营效率

优化的营商环境为企业的日常运营带来了极大的便利。在这样的环境下，企业所面对的行政障碍明显减少。以行政审批流程为例，原本可能需要耗费大量时间和精力去完成的审批过程，现在得到了显著简化。这种简化不仅大幅缩短了企业的等待时间，还使得企业能够迅速响应市场变化，快速启动新项目，或是及时推出新产品和服务来满足消费者的需求。此外，高效的税务处理系统也是优化营商环境中的一大亮点。这一系统有效减轻了企业在税务方面的财务负担，让企业不再为复杂的税务问题而烦恼。因此，企业可以将更多的资源和精力投入核心业务的发展中，从而更好地实现自身的商业目标和愿景。

3. 保障企业权益

在纷繁复杂的商业环境中，企业作为市场经济的主体，其合法权益时常受到各种不可预知的挑战。这些挑战可能源于不正当的市场竞争、知识产权的侵犯，或是合同履行过程中的纠纷等。为了有效应对这些挑战，完善的法律法规和公正的司法体系显得尤为重要。这两大要素共同构成了维护企业权益的坚固基石。每当企业遭遇侵权或深陷纠纷时，一个公正且高效的法律体系就会发挥其关键作用。它不仅能为企业提供及时、有力的法律救济，确保企业的损失得到合理补偿，还能迅速解决纠纷，恢复企业正常的经营秩序。正因为有了这样强大的法律后盾，企业在面对各种商业挑战时，才能更加从容不迫，更有信心去维护自身的合法权益。而这种法律保障，也极大地降低了企业在日常经营中可能遇到的风险，从而为企业营造一个更加安全、稳定的经营环境，让其能够全心投入商业活动中，实现持续健康的发展。

4. 促进创新和技术进步

创新作为推动企业不断前行的核心驱动力，对于企业的长远发展具有不可替代的作用。一个良好的营商环境，必须深刻理解创新的重要性，并积极鼓励企业进行大胆的创新尝试。在这样的环境中，企业不仅会受到激励去探索新的市场机会，还会得到政府在技术研发方面的全力支持。政府通过实施一系列扶持措施，如提供税收优惠、设立专门的创新基金，以及搭建科研合作平台等，实际上是在为企业进行科技创新铺设一条平坦的道路。这些措施有效地引导了企业增加在科技创新领域的投入，无论是资金、人才，还是其他资源，都得到了更合理的配置。置身于这样一个充满活力和机遇的环境中，企业不仅能够迅速提升自身的技术实力，也能在激烈的市场竞争中站稳脚跟。而更为重要的是，这种环境还推动了整个产业链的升级和转型，使得经济发展从依赖传统模式转变为更加注重质量和效益的高质量发展模式。

二、政策环境与企业成长

（一）政策环境对企业成长的影响

1. 政策环境的定义与特点

政策环境是一个多维度的复合体，它不仅涵盖了宏观经济状况、具体的法律法规，以及针对各行业的特殊规定，还触及了深层次的社会文化背景和国际政治经济形势。这种环境的复杂性体现在它涉及的领域广泛，而且每个领域都可能随着时间和情境的变化而演变。多样性则源于不同地域、国家，甚至不同的政策制定者对于相同问题的多元处理方式和差异化的政策导向。差异性表现在，即使是相似的政策，其实施效果和对企业的影响也可能因地区、行业和企业的具体情况而有所不同。动态性是最显著的特点，政策环境不是一成不变的，它随着社会经济状况、民众需求、国际关系的波动而调整，这种不断调整的环境要求企业必须保持敏锐的洞察力和快速的适应能力，才能在不断变化的政策环境中稳定成长。所有这些因素，都直接或间接地影响着企业的战略规划和日常运营，构成了企业运营和发展的重要外部环境。

2. 政策环境对企业战略的导向作用

政府通过精心制定相关政策，明确地为产业发展描绘出蓝图，从而对企业的战略方向产生深远的导向影响。以政府对新能源和环保产业的扶持政策为例，这些政策不仅传递了国家对这些领域的重点关注和支持，也激发了企业投身其中的热情和信心。在这些政策的鼓励下，企业往往会重新评估自身的战略布局，将资源和重心转向受扶持的行业，以捕捉新的市场机遇。此外，政策环境的变化还会对企业的市场定位和产品策略产生直接影响。随着政策的调整，市场需求和消费者偏好可能会发生变化，这就要求企业必须灵活应对，及时调整自身的产品和服务，以满足新的市场需求。这种调整可能涉及产品功能的改进、营销策略的转变，甚至是整体品牌定位的重新塑造。

3. 政策环境对企业经营的约束与激励

政策环境在企业经营中不仅为企业指明发展方向，还在企业的日常经营活动中产生了深远的约束和激励作用。政策法规的出台，实际上是为企业运营设定了明确的边界和条件。例如，环保法规的严格执行，要求企业必须遵守一定的排放标准，这不仅是对企业社会责任的强调，同时也是限制了那些可能对环境造成不良影响的经营行为。这种约束确保了企业在追求经济利益时，必须兼顾环境保护等社会责任。与此同时，政策环境还通过一系列激励措施，如税收优惠、资金扶持等，来鼓励企业进行技术创新和扩大生产。这些优惠政策降低了企业的运营成本，提高了市场竞争力，从而激发了企业的创新活力和发展动力。在这种激励下，企业才有可能投入更多资源进行产品研发，提升产品质量，进而扩大市场份额，实现快速发展。

（二）企业在政策环境下的成长策略

1. 顺应政策导向，调整经营策略

在政策环境的不断变化中，企业应展现出高度的前瞻性和灵活性，积极顺应政策导向来调整自身的经营策略。政府的政策调整往往牵动着整个市场环境和行业趋势的走向，因此，对政策动态的密切关注成为企业不可或缺的任务。企业需要建立一套高效的信息收集和分析机制，及时捕捉政策信号，准确判断政策变化对企业经营可能产生的影响。以环保和可持续发展政策为例，当政府推出相关鼓励政策时，企业应立即响应，将环保理念融入产品研发和生产过程中。通过积极研发和推广环保产品，企业不仅能够满足市场对绿色、低碳产品的需求，还能在消费者心中树立良好的环保形象，从而增强品牌影响力和市场竞争力。此外，顺应政策导向还意味着企业需要根据政策要求调整市场定位、优化产品策略，甚至改变传统的营销手段。这些调整有助于企业更好地适应市场环境，抓住政策变化带来的市场机遇，从而实现快速成长和可持续发展。

2. 利用政策优惠，降低成本与风险

政府为了促进特定行业的蓬勃发展，常常会精心制定并实施一系列优惠

政策。这些政策，如税收减免、资金扶持等，都是旨在为企业提供实质性的支持，以推动其稳步前行。税收优惠政策能够直接减轻企业的财务压力，为其创造更多的盈利空间。当企业享受这些税收优惠时，其资金流将更为充裕，从而有助于提升整体的盈利能力。而政府的资金扶持更是为企业注入了强大的动力。借助这些扶持资金，企业可以更加专注于研发和创新，不断探索新技术、新产品，进而提升自身的核心竞争力。技术创新是企业持续发展的关键，而政府的资金扶持为企业在这条道路上提供了有力的支撑。不仅如此，政策优惠还在一定程度上降低了企业面临的市场风险和不确定性。在复杂多变的市场环境中，这些优惠政策为企业构建了一道风险防线，增强了其抵御外部冲击的能力。

三、经济环境与企业发展

（一）宏观经济状况对企业的影响

1. 经济增长与企业发展

经济增长速度的变化，像是一个无形的指挥棒，引领着企业舞蹈的节奏和方向。在经济增长较快时期，市场的繁荣仿佛为企业打开了一扇广阔的大门，邀请它们大步向前。这时，市场需求如春天般生气勃勃，企业的产品往往供不应求，这为企业提供了难得的发展契机。于是，许多企业选择在这个时候扩大生产规模，以满足市场的需求，同时也是为了进一步提升自身的市场份额和品牌影响力。然而，正如一枚硬币有两面，经济增长过快也可能带来一些挑战。市场的繁荣吸引了更多的竞争者涌入，大家都想在这块肥沃的土地上分一杯羹。这就导致了市场竞争的加剧，企业需要更加努力地优化自己的产品和服务，才能在众多的竞争者中脱颖而出。相反，当经济增长放缓时，市场需求开始变得疲软，消费者对于购买新产品或服务的意愿降低。这时，企业可能不再追求大规模的扩张，而是需要谨慎地管理自己的资源，甚至可能需要调整原有的战略计划。

2. 通货膨胀与经营成本

通货膨胀如同一只隐形的手，悄悄地推高了企业的经营成本。在通胀的环境下，原材料价格上涨和人工成本增加成为企业不可避免的挑战。这些成本的上升，就像一块块沉重的石头，压在企业的肩上，让其经营之路变得更加艰难。为了应对这一挑战，企业必须保持高度的警觉性，时刻关注成本的变化。这不仅包括原材料和人工成本，还包括其他各种运营费用。只有这样，企业才能在成本上升时迅速做出反应，调整产品定价策略，以保持盈利能力。当然，仅仅依靠定价策略的调整是不够的。企业还需要深入挖掘内部潜力，优化供应链管理，降低不必要的浪费。这就像是给企业做了一次"瘦身"手术，让它更加健康、灵活，能够更好地应对外部环境的变化。同时，通胀环境也会影响消费者的购买力，这对企业的产品定价提出了更高的要求。企业在定价时，必须像一个精明的棋手，综合考虑市场需求、成本及竞争态势，既要保证利润，又要确保产品对消费者有足够的吸引力。

3. 货币政策与企业融资

货币政策的调整，如同调控经济的"大闸"，其开闭直接影响着企业的融资环境和资金成本。在宽松的货币政策氛围下，市场的资金流动性变得充裕，这就像是给企业打开了一扇融资的"方便之门"。由于借贷成本相对较低，这样的环境为企业提供了难得的融资机会，使得它们能够以较低的成本筹集到所需资金。借此良机，不少企业会选择扩大投资规模，加速自身的业务发展和市场拓展，以期在未来的竞争中占据更有利的位置。然而，当货币政策转向紧缩时，情况则截然不同。借贷成本随之上升，融资的难度也相应增加，企业想轻松筹集资金就不再那么容易了。这就像是一道"紧箍咒"，提醒企业必须更加审慎地管理自己的财务状况。为了应对这种变化，企业可能需要调整原有的财务策略，优化资金结构，以降低财务风险，确保在资金紧张的环境中也能稳健运营。因此，对货币政策的密切关注成为企业不可或缺的"必修课"。只有及时准确地把握政策动向，企业才能灵活调整融资策略，确保资金流的稳定，从而在复杂多变的经济环境中立于不败之地。

（二）市场竞争格局与企业定位

1. 行业竞争结构与市场份额

行业竞争结构如同一盘复杂的棋局，每个棋子代表着不同的企业，而整个棋盘的布局则反映了企业在市场中的地位和影响力。不同的行业，其竞争态势犹如多变的天气，时而晴朗，时而风雨交加。有些行业由几家大型企业稳坐钓鱼台，它们如同巨头般屹立不倒，主导着市场的风向。而另一些行业则呈现出百家争鸣的景象，众多企业各展所长，共同塑造出一个多元化的市场。深入了解行业的竞争结构，对于企业来说，就如同掌握了一把打开市场大门的钥匙。它不仅揭示了企业当前所面临的市场压力和机会，也是引导企业走向成功的指南针。市场份额，这个看似简单的数字，实则蕴含着企业在行业中的真实地位和实力。那些占据较大市场份额的企业，往往能够左右市场的走向，拥有更多的话语权和资源，成为行业的领军者。

2. 消费者需求与市场细分

满足消费者需求，这是企业走向成功的重要基石。在瞬息万变的市场环境中，消费者的需求和偏好也在不断地变化，就像潮流一样，时而涌动，时而平静。企业必须敏锐地捕捉到这些变化，深入了解目标消费者的内心世界。消费者的购买习惯、价格敏感度、品牌偏好等，都是企业需要细致研究的方面。只有真正了解了消费者，才能提供符合他们期待的产品和服务。而市场细分是实现这一目标的关键手段。它就像一把锋利的刀，将市场精确地切割成不同的部分，每一部分都代表着一类具有相似需求的消费者。通过这样的市场细分，企业可以更加精确地制定营销策略，直击消费者的内心。当企业能够满足各类消费者的特定需求时，销售额的提升自然是水到渠成。

3. 品牌建设与差异化竞争

在如今白热化的市场竞争中，品牌建设和差异化竞争变得尤为关键，它们就像是企业在商海中的航标和船帆，指引着方向，并推动着前行。品牌，远远超越了一个简单的商标或名称的范畴，而是深深地烙印在消费者的心中，代表着企业的形象、承载的价值观和给予消费者的承诺。每当消费者提及某个品牌，他们的脑海中就会浮现出与该品牌相关的各种情感和记忆，这就是品牌建设的魅力所在。而差异化竞争是企业在市场中独树一帜的策略。在众多的竞争者中，如何让自己的产品或服务与众不同，如何为消费者提供独特的价值，这是每一个企业都需要深入思考的问题。差异化不仅是为了避免直接的价格竞争，也是为了创造更大的利润空间，为消费者带来更好的体验。通过研发独特的产品特性、提供超越期待的服务或运用前所未有的营销策略，企业可以在激烈的市场竞争中脱颖而出，稳稳地占据一席之地，深深地吸引并长久地留住那些珍视品质的消费者。

四、社会文化与技术创新

（一）社会文化对技术创新的影响

1. 社会文化环境的塑造作用

社会文化环境对技术创新起着深远的塑造作用。社会文化中的传统观念、价值观和行为准则，不仅影响着人们的思想和行为模式，也直接关系到技术创新的接受度和推广速度。在某些传统观念深厚的地区，新技术可能因与传统习俗相悖而遭到排斥，从而限制了创新的扩散和应用。相反，开放、包容的社会文化环境能够鼓励人们尝试新事物，为技术创新提供广阔的空间。此外，社会价值观对技术发展方向也有着重要的引导作用。一个重视环保、可持续发展的社会，会更倾向于支持绿色、低碳技术的研发和推广。因此，社会文化环境不仅影响着技术创新的社会接受度，还在一定程度上决定了技术创新的发展方向。

2. 文化交流与技术创新的互动关系

文化交流与技术创新之间存在着紧密的互动关系。一方面，跨文化交流为技术创新提供了源源不断的灵感来源。不同文化背景下的思维方式、解决问题的方法和技术应用都各具特色，通过文化交流，这些不同的元素得以碰撞和融合，从而激发出新的创新火花。另一方面，技术创新也反过来促进了文化交流的广度和深度。随着科技的进步，互联网、社交媒体等新技术手段使得文化交流变得更加便捷和高效。人们可以通过网络平台实时分享和获取来自世界各地的信息和文化资源，这种跨时空的文化交流不仅丰富了人们的精神生活，也为技术创新提供了更广阔的视野和更多的可能性。因此，文化交流与技术创新相辅相成，共同推动着人类社会的进步与发展。

（二）技术创新对社会文化的反作用

1. 技术创新对社会文化的推动力

技术创新作为社会发展的重要引擎，不仅改变了人们的生产方式和生活方式，同时也对社会文化产生了深远的推动力。随着科技的进步，新技术、新产品的不断涌现，人们的思维方式、价值观念和行为习惯也在悄然发生变化。例如，互联网技术的普及使得信息传播更加迅速和广泛，人们的交流方式变得更加多样和便捷，这在一定程度上改变了人们的社交习惯和人际关系。此外，技术创新还推动了文化的多元化发展。随着数字技术的广泛应用，各种文化形式得以更好地保存和传播，不同文化之间的交流也变得更加频繁和深入，这为社会文化的繁荣和发展注入了新的活力。

2. 技术创新与文化传承的结合

技术创新与文化传承的结合，为保护和传承传统文化提供了新的可能。随着数字化、信息化技术的不断发展，许多珍贵的文化遗产得以用数字化的形式保存下来，这不仅为后人留下了丰富的历史文化资料，也使得文化传承更加便捷和高效。同时，借助技术创新，传统文化也以更加现代、多样的形式呈现出来，吸引了更多年轻人的关注和喜爱，从而推动文化的传承和发展。例如，通过虚拟现实技术，人们可以身临其境地体验传统文化的魅力；通过互联网技术，传统文化可以跨越时空的限制，传播到更广阔的地域和人群中。因此，技术创新与文化传承的结合，不仅有助于保护和传承传统文化，还能为文化的创新和发展注入新的活力。

（三）社会文化与技术创新的协同发展

1. 构建有利于创新的社会文化氛围

为了推动技术创新，构建一个有利于创新的社会文化氛围至关重要。这样的氛围应该鼓励尝试、宽容失败，并提供充足的资源和支持以滋养创新思维。政府、教育机构和企业应共同努力，通过提供创新教育、设立创新基金、举办科技竞赛等方式，激发社会的创新活力。同时，媒体和公众也应更加关注和宣传创新成果，以榜样的力量激励更多人投身创新实践。一个开放、包容、鼓励创新的社会文化氛围，将吸引更多的人才和资源投入科技创新中，从而推动整个社会的技术进步和经济发展。

2. 技术创新促进社会文化的繁荣与进步

技术创新是推动社会文化繁荣与进步的重要力量。随着科技的不断发展，新的技术成果不仅改变了人们的生活方式，也丰富了社会文化的内容和形式。例如，互联网技术的普及使得信息传播更加迅速广泛，人们可以随时随地获取各种知识和信息，这极大地促进了文化的交流与融合。同时，新技术如虚拟现实、增强现实等也为文化创意产业带来了新的发展机遇，使得文化体验更加丰富多彩。技术创新还推动了教育、艺术、娱乐等领域的变革，为社会文化的繁荣与进步注入了新的活力。因此，应该积极拥抱技术创新，利用其推动社会文化的发展，为人们的生活带来更多的色彩。

第三章　高质量发展背景下的营商环境现状

第一节　当前营商环境的总体状况

一、市场主体增长情况

（一）总体增长趋势

1. 稳步增长的数据支撑

近年来，市场主体数量呈现出稳步增长的态势，这一趋势得到了充分的数据支撑。根据权威统计数据来源，无论是企业还是个体工商户，其注册数量都在逐年攀升。特别是在某些经济活跃的地区，市场主体的增长更为显著。这种稳步增长不仅反映了市场活力的增强，也是经济健康发展的一个重要标志。随着营商环境的不断优化，创业门槛的降低，以及政府对小微企业和创新创业的大力支持，市场主体的稳步增长趋势预计将持续下去。

2. 产业结构的优化调整

随着市场主体的稳步增长，产业结构也在发生深刻的变化。传统的制造业和服务业虽然仍旧占据重要地位，但新兴产业的崛起不可忽视。特别是高新技术产业、绿色经济、数字经济等领域的市场主体增长迅速，成为推动经济发展的新动力。这种产业结构的优化调整，不仅提高了经济的整体效益和竞争力，也为市场主体提供了更多的发展机会和空间。政府应继续引导和支持这种产业结构调整，从而促进经济的高质量发展。

（二）各类型市场主体的增长特点

1. 企业与个体工商户的对比

在市场主体的增长中，企业与个体工商户呈现出不同的特点。企业，尤其是大型企业或外资企业，通常拥有更多的资源和资本，能够投入更多的研发和市场拓展，因此其增长往往具有规模效应和品牌效应。然而，由于企业注册和运营的门槛相对较高，其数量增长可能较为缓慢。相比之下，个体工商户因其灵活性、低成本和快速响应市场变化的能力而大量存在。这类市场主体通常从事小型零售、服务或手工艺等行业，对经济增长和就业有着重要贡献。由于其注册门槛相对较低，个体工商户的数量增长往往更为迅速，成为市场主体增长的主要动力之一。

2. 新兴行业的市场主体增长

随着科技的不断进步和消费者需求的多样化，新兴行业如电子商务、新能源、生物科技等正在快速发展。这些行业的市场主体增长呈现出爆发式的态势。以电子商务为例，随着互联网的普及和物流体系的完善，越来越多的创业者选择进入这一领域，推动了电子商务平台、网络服务、物流配送等相关企业的快速增长。新能源和生物科技等行业也受到了政策扶持和市场需求的双重驱动，市场主体数量迅速增加。这些新兴行业的市场主体不仅为经济增长注入了新的活力，还为社会带来了更多的就业机会和创新可能。

二、法规政策的完善与执行

（一）法规体系的逐步健全

1. 基础法规的设立与完善

基础法规作为营商环境的根本，为市场主体的日常经营活动划定了清晰的法律框架，是企业行为的指南。在快速变化的市场环境中，政府深知只有

持续推动基础法规的设立与完善，才能确保市场的有序运行。近年来，政府
在这方面的努力显而易见，不仅明确了市场主体的基本权利和义务，而且对
市场准入条件、交易的具体规则、知识产权保护等核心问题进行了详尽的规
范。这些规定并非一成不变，而是随着市场的演变和经济的发展不断调整和
优化，旨在创造一个既公平又透明的商业氛围。正是有了这些基础法规的支
撑，市场主体才能在一个稳定且可预期的法律环境中茁壮成长。企业的合法
权益得到了有效捍卫，不正当竞争行为得到了有力遏制。这样的法规环境不
仅鼓励了公平竞争，还为市场的长期健康发展奠定了坚实的基础。

2. 行业规定的细化与实施

除了构建基础法规这一营商环境的基石，政府还深入考虑到了不同行业
的特性和需求。了解到每个行业都有其独特之处，政府进一步细化了行业规
定，以更好地适应各行业的实际情况。这些细化的行业规定不仅针对性强，
而且在实际操作中更易于执行。它们为行业内的经营行为设定了明确的规范
和标准，有助于统一和提升整个行业的形象与服务品质。以金融行业为例，
政府为了维护市场的稳定和消费者的利益，推出了一系列严格的监管政策和
风险防控手段。而在医疗行业，为了确保患者的安全和医疗服务的品质，政
府对医疗机构及其从业人员的资质进行了更严格的把关。这些行业规定的出
台与实施，不仅为市场主体在日常经营中提供了明确的法律指导，也为行业
的持续健康发展注入了强大的动力。

（二）政策执行的监督与保障

1. 加大执法力度

为了确保已经制定的法规政策能够得到有效执行并发挥其应有的效能，
政府近年来增强了执法力度。这一变化明显地体现在对各种违法行为的坚决
打击和严肃处理上。无论是企业或个人涉及的偷税漏税行为，还是对知识产
权的非法侵犯，抑或是违反环境保护和安全生产等相关规定，政府均采取了
零容忍的严格态度。通过这样的执法实践，政府不仅向所有市场主体发出了
一个清晰而坚定的信号：任何试图挑战法律底线的行为，都将面临法律的严

厉制裁。这种强硬的执法态度，不仅有效地维护了市场的公平竞争环境，防止了不正当竞争和违法行为的蔓延，同时也切实地保护了广大消费者和诚信经营者的合法权益。更为深远的是，政府加大执法力度在无形中提升了整个社会的法治意识和道德水准。当公众看到违法行为必然受到惩处时，自然会更加尊重法律，更加注重自身的行为规范。这种法治氛围的营造，为经济的长期健康发展和社会稳定奠定了不可动摇的基础。

2. 建立健全的监督机制

为了保障各项政策能够得到有效且高效的执行，政府不仅在执法力度上下功夫，更致力于构建一个健全的监督机制。这一全面的监督机制包含两个核心部分：内部监督和外部监督。在内部监督方面，政府主要通过加强内部的审计和监察工作来确保各部门及其工作人员始终在法治的轨道上行政，保持廉洁奉公的工作态度。这包括对政府资金使用的审计、对行政决策过程的监察，以及对工作人员行为的规范等。在外部监督方面，更多的是借助社会公众、新闻媒体及独立的第三方评估机构等外部力量。这些外部监督者能够对政府政策的执行情况进行更客观、中立的评估和监督，从而为政府提供宝贵的反馈和建议。

（三）法规政策宣传与普及

1. 多渠道宣传法规政策

为了让市场主体和公众更好地了解法规政策，政府积极采用多渠道进行宣传。通过电视、广播、报纸等传统媒体，以及互联网、社交媒体等新兴平台，政府广泛传播法规政策内容，确保信息能够覆盖到各个群体。此外，政府还定期组织法规政策宣讲会、研讨会等活动，邀请专家学者进行深入解读，帮助公众准确理解政策意图。这种多渠道、多形式的宣传策略，有效地提高了法规政策的知晓率和理解度，为政策的顺利实施创造了有利条件。

2. 提供法律咨询与援助服务

政府深知法律知识的普及对于市场主体和公众的重要性，因此特别设立了法律咨询与援助服务。这些服务旨在帮助那些对法规政策有疑问或困惑的人，为他们提供专业的法律解答和指导。通过设立法律咨询热线、开设法律援助中心等方式，政府为公众提供了一个便捷、高效的法律服务平台。这不仅有助于解决公众在实际操作中遇到的法律问题，还能增强他们的法律意识，提升整个社会的法治水平。这种法律咨询与援助服务的设立，充分体现了政府对公众法律需求的关注和回应。

三、市场活力的释放与增长

（一）优化营商环境，降低市场准入门槛

1. 简化行政审批流程

为了促进市场活力的释放，政府正在积极简化行政审批流程。这一改革举措致力于通过减少不必要的审批环节、缩短冗长的审批时间，从而有效降低企业进入新市场或开展新业务的难度和成本。过去，烦琐的行政审批程序常常让企业望而却步，甚至阻碍创新的步伐。而现在，政府正通过技术手段和政策创新，实现审批流程的简化和高效化。这不仅为企业节省了宝贵的时间和资源，也营造了一个更加便捷、公平的营商环境，有助于吸引更多的投资和创业者进入市场。

2. 放宽外资准入条件

为了进一步激发市场活力，政府正在逐步放宽外资准入条件。这一开放政策意味着更多的外资将被允许进入之前受限的特定行业，与国内企业共同竞争，从而增加市场的多样性和活力。外资的引入不仅带来了资金和技术，也带来了国际化的管理经验和市场视野。这样的政策变革有助于提升本土企业的竞争力，推动行业整体水平的提升。同时，外资的参与也将为消费者带来更多优质的产品和服务选择，进一步促进了市场的繁荣和发展。

（二）促进金融支持，拓宽融资渠道

1. 发展多层次资本市场

为了更有效地支持企业的发展和创新，政府正积极推动多层次资本市场

的发展。通过为企业提供上市融资的机会，不仅能够帮助企业获取更多的资金用于扩大规模、提升技术，还能降低企业的融资成本。在这样的市场环境下，企业有更多的机会接触到各类投资者，从而根据自身的需要灵活选择融资方式。这种多元化的融资途径会大幅提升企业的竞争力，使其能够在激烈的市场竞争中脱颖而出。

2. 优化金融服务

为了满足企业在不同发展阶段对资金的需求，政府正在努力优化金融服务。这意味着金融机构将提供更多样化的金融产品和服务，从初创期的风险投资，到成长期的信贷支持，再到成熟期的债券或股权融资，都能找到相应的解决方案。这样的金融服务体系不仅考虑到了企业的实际融资需求，还针对企业的特点和市场环境提供了个性化的融资方案。通过这样的优化，金融服务将更加贴近市场、贴近企业，进而有效地推动企业的持续发展和创新。

（三）推动产业升级，提高市场竞争力

1. 引导企业加大研发投入

为了推动产业升级和提高市场竞争力，政府正积极引导企业加大研发投入。在全球经济日益一体化的今天，技术创新和产品升级已成为企业持续发展的关键。通过鼓励企业进行技术创新和产品升级，不仅能够提升产品质量，增加产品的附加值，还能够使企业在激烈的市场竞争中脱颖而出。为了实现这一目标，政府采取了一系列措施，如提供研发资金支持、减免税收等，以激发企业的创新活力。这些政策的实施，旨在为企业创造一个良好的创新环境，推动企业不断加大研发投入，进而提升整个产业的科技水平和市场竞争力。

2. 加强产学研合作

在推动产业升级的过程中，加强产学研合作尤为重要。政府正努力促进企业与高校、科研机构的紧密合作，以推动科技成果的转化和应用。这种合作模式不仅能够加速科技成果的商业化进程，还能够为企业提供更多的技术支持和创新资源。通过与高校、科研机构的深度合作，企业可以接触到最前

沿的科技成果，从而提升自身的技术水平和创新能力。同时，这种合作模式也有助于培养更多的科技人才，为产业的持续发展提供有力的人才保障。政府将继续加大对产学研合作的支持力度，推动各方资源的有效整合，为产业升级和市场竞争力的提升注入新的动力。

四、政务服务效率与服务水平的提升

（一）强化政务人员服务意识，提升服务质量

1. 加强服务人员培训

为了提升政务服务质量，加强服务人员培训是非常重要的。这种培训绝非单一的知识灌输，而是一个全方位、多层次的能力提升过程。除了对业务知识和技能的深入钻研，更需着重锤炼服务人员的职业素养和服务意识。职业素养的培育能够让服务人员明确自身的责任和使命，以更加敬业和专注的态度投身于公共服务中。而服务意识的强化，则促使他们时刻将公众的需求和满意度放在首位，不断优化服务流程，提升服务质量。为了实现这一目标，可以通过多元化的培训方式，如定期举办培训课程，确保服务人员能够持续更新知识，紧跟时代步伐。邀请行业专家举办讲座，则能带来前沿的理念和实践经验，拓宽服务人员的视野。此外，组织经验交流会也能为服务人员提供一个相互学习、共享智慧的平台。同时，建立激励机制，对于那些主动学习、不断进步的服务人员给予适当的奖励和认可，这样不仅能激发他们的学习热情，也能为公众带来更优质、更高效的服务体验。

2. 建立服务评价机制

建立有效的服务评价机制，对于提升政府服务质量具有举足轻重的作用。这种评价机制的核心是引入公众的真实声音，通过他们的评价来及时捕捉政府服务的优点与不足。公众的满意度和需求是政府服务的直接反馈，只有深入了解并积极响应这些反馈，政府服务才能更加贴近民心，满足民众的期望。为了确保评价机制的客观性和公正性，必须采取一系列措施来鼓励公众积极参与，同时保障他们的评价不受任何外界因素的干扰。当公众看到他们的评

价能够真正影响政府服务的改进时，他们的参与热情将会更加高涨。此外，政府不仅要收集公众的评价，还要定期对这些评价进行深入的分析和解读。通过对评价结果的公开和讨论，政府可以更加明确地了解公众的需求和期望，从而制定出更精准的服务改进策略。这一过程不仅提升了政府服务的透明度，也在无形中增强了政府与公众之间的沟通和信任，为构建和谐的社会关系奠定了坚实的基础。

（二）加强信息公开，提高透明度

1. 完善信息公开制度

提高政府工作的透明度，是现代政府治理的重要方向，而完善信息公开制度是实现这一目标的首要任务。信息公开不仅关乎政府的公信力，也是民主监督的基础。为了切实推进这一制度，必须明确信息公开的具体范围、内容和程序，确保每一项信息的公开都有法可依、有章可循。制定详细的信息公开指南和目录，是政府向公众传递"公开、透明"信号的有力举措。这些指南和目录就像是一本"政府信息地图"，引导公众了解哪些信息是公开的，哪些信息是受限的，以及如何合法、便捷地获取这些信息。这不仅方便了公众查询和使用政府信息，也为政府树立了开放、透明的形象。同时，为了确保信息公开制度得到有效执行，必须建立起相应的监督和考核机制。通过对各部门信息公开情况进行定期或不定期的检查和评估，可以及时发现并纠正存在的问题，确保每一项信息都能按照既定的程序和标准及时、准确地公开。

2. 建立多渠道信息公开平台

传统的信息公开方式，如政府公告栏和新闻发布会，虽然在一定程度上能够满足公众的知情权，但在信息传播的时效性和互动性方面存在局限。因此，必须紧跟时代步伐，充分利用互联网和新媒体技术，打造多元化的信息公开渠道。政府网站、微博、微信公众号等新媒体平台，以其便捷、高效的特点，成为政府信息公开的新手段。通过这些平台，政府不仅可以及时发布最新的政策、公告和动态，还能与公众进行实时互动交流，及时解答公众的疑问和困惑。这种双向的沟通方式，极大地增强了政府与公众间的联系，让政府工作更加贴近民生、顺应民意。多渠道信息公开平台的建立，不仅提高了政府信息传递的效率，也在无形中拉近了政府与公众的距离。公众通过这些平台，能够更加便捷地获取政府信息，了解政府的工作动态和决策过程，从而增强对政府的信任和支持。

（三）创新服务模式，满足多样化需求

1. 探索个性化服务

为了满足不同群体的多样化需求，政府正在不断探索并实践个性化服务模式。这种服务模式深刻体现了"以人为本"的理念，其核心是精准识别并响应各类群体的独特需求。以老年群体为例，他们可能面临出行不便、信息获取渠道有限等问题，因此，政府通过提供更加便捷的社保、医保查询和办理服务，以及健康咨询等公共服务，能够极大地改善他们的生活体验。对于创业者和小微企业，他们在创业初期往往面临资金、经验和市场等多方面的挑战。政府通过提供创业指导、融资支持及市场对接等专项服务，不仅能帮助他们解决实际问题，也能激发他们的创新活力和发展潜力。通过深入了解并响应不同群体的实际需求，政府提供的个性化服务将更加贴心、高效。这种服务模式不仅能提高公众对政府工作的满意度，也能在细微处体现政府对公众需求的关怀，从而有助于构建更加和谐、包容的社会关系。

2. 推广"一站式"服务

为了提高政府服务效率，方便公众办事，"一站式"服务正在被政府大力推广与实践。这种服务模式的核心是资源的整合与优化，它将原本分散在各个部门的服务项目巧妙地汇集到一个统一的平台上。这意味着，公众无须再奔波于多个部门之间，只需在一个窗口或数字化平台上提交必要的材料和信息，便能一站式完成多项业务的办理。这样的服务模式不仅提升了办事效率，也为公众节省了大量的时间和精力。公众不再需要因为一项业务而反复跑腿，这种便捷性极大地增强了公众的满意度。而且"一站式"服务的推广还带来了诸多深远的影响。它促使政府内部进行更深入的流程优化和资源整合，使得各个部门之间的协同更紧密，进一步提高了政府的整体服务质量。

五、投资环境的优化与改善

（一）政策法规环境的完善

1. 加强法治建设

一个健全的法律体系和公正的司法环境能够确保投资者的权益得到充分保护，进而吸引更多的资本流入。加强法治建设，首先需要完善与投资相关的法律法规，确保法律条文的明确性和可操作性。同时，要提高司法的公正性和效率，确保法律面前人人平等，让投资者在遇到纠纷时能够通过法律途径得到及时公正的解决。此外，加强法律宣传和教育，提高全社会的法律意识，也是法治建设不可或缺的一环。通过法治建设，可以营造一个稳定、透明、可预期的投资环境，为投资者提供坚实的法律保障。

2. 优化政策环境

优化政策环境，就是要通过制定更加优惠、稳定、透明的投资政策，来降低投资风险，提高投资回报。政府应该密切关注市场动态和投资者需求，及时出台符合实际情况的投资政策。同时，简化行政审批流程，减少不必要的行政干预，让市场在资源配置中发挥决定性作用。此外，政府还应该加强与投资者的沟通与交流，及时了解投资者的诉求和建议，不断完善政策体系。通过优化政策环境，可以吸引更多的投资者前来投资，从而推动经济的持续健康发展。

（二）基础设施建设的推进

1. 交通物流体系的完善

一个高效、便捷的交通网络能够确保原材料和产品的快速流通，降低运输成本，提高市场竞争力。为了实现这一目标，必须大力投入建设和维护公路、铁路、水路、航空等多模式的交通网络。同时，还应优化交通节点布局，提升交通枢纽的转运能力，确保各种交通方式之间的顺畅衔接。此外，物流体系的现代化也是关键因素，通过引进先进的物流管理技术和信息系统，可以提高物流效率和准确性，进一步缩短货物周转时间。这样不仅能满足企业对于高效物流的需求，也有助于提升整个区域的投资吸引力。

2. 信息通信设施的提升

高速、稳定的信息通信网络是企业进行数据处理、信息交流和业务运营的基础。因此，必须大力推进信息通信基础设施的建设和升级，包括增强宽带网络的覆盖范围和容量，提高数据传输速度和稳定性。同时，还应积极布局5G、物联网、云计算等新型信息技术，以满足企业对于高效数据处理和即时通信的需求。通过这些措施，不仅可以提升企业的运营效率，还能吸引更多依赖信息技术的现代服务业和高新技术产业落户，从而推动区域经济结构的优化和升级。

（三）金融服务的创新与支持

1. 金融产品的创新

随着市场需求的不断变化，传统的金融产品已无法满足投资者多样化的需求。因此，金融机构需要不断进行产品创新，开发出更多符合市场趋势和投资者偏好的金融产品。这些创新产品可以包括针对不同行业、不同风险承受能力的投资者的定制化产品，以及结合新技术如区块链、大数据等开发的智能化金融产品。通过金融产品的创新，不仅能够为投资者提供更加多元化、个性化的投资选择，还能有效分散投资风险，提高投资收益，从而吸引更多的资金流入，促进金融市场的繁荣发展。

2. 金融服务质量的提升

金融服务机构应致力于提供高效、便捷、专业的服务，以满足投资者的各种需求。这包括简化服务流程，提高服务效率，确保投资者能够快速获得所需服务；加强员工培训，提升服务人员的专业素养和服务态度，为投资者提供更加贴心、周到的服务。同时，利用科技手段提升服务的智能化水平，如通过线上平台提供24小时在线客服，方便投资者随时咨询和办理业务。通过这些措施，不仅可以提升投资者的满意度和忠诚度，还能进一步吸引新的投资者，进而推动金融服务的持续发展。

（四）人力资源的开发与培养

1. 教育培训的加强

通过系统性的教育培训，可以提高劳动者的技能水平和知识储备，使其更好地适应市场需求和产业发展。政府和企业应共同投入资源，建立完善的培训体系，包括职业教育、技能培训、继续教育等多个方面。同时，要注重培训内容的实用性和前瞻性，确保培训成果能够直接转化为生产力。此外，还应鼓励社会各界参与教育培训事业，形成多元化的培训格局。通过加强教育培训，不仅可以提升劳动者的就业竞争力，还能为产业发展提供源源不断的人才支持。

2. 人才引进政策的优化

政府应出台更具吸引力的人才政策，包括提供优惠的住房、税收、子女教育等政策支持，降低人才的生活成本和创业风险。要建立完善的人才评价体系和激励机制，让优秀人才能够得到应有的认可和回报。此外，还应加强与国内外高校和科研机构的合作，搭建人才交流和合作的平台，吸引更多高层次人才来当地发展。通过优化人才引进政策，可以形成人才聚集效应，为经济社会发展提供强有力的人才保障。

第二节　营商环境存在的问题与挑战

一、政策法规层面

（一）法律法规体系不完善

1. 缺乏系统性和完整性

当前，营商环境中法律法规体系的问题变得异常突出，特别是其缺乏系统性和完整性，已经成为制约企业发展的一大瓶颈。具体来说，现行的法律法规之间存在显而易见的冲突或重叠，这种情况让企业在遵循法律时感到无所适从。想象一下，一家企业在运营过程中需要同时参考多部法律法规，而这些法规之间的内容又存在矛盾，这无疑会给企业的决策带来极大的困扰。这种法律法规间的不一致性，不仅会让企业在合规方面投入更多的资源和时间，从而增加其运营成本，更糟糕的是，它还可能使企业因为对法律的误解或疏忽而触碰到法律的红线，进而面临严厉的法律制裁。再者，部分关键领域的法律法规仍然处于空白状态，这更加大了企业的经营风险。当企业在某些特定领域进行经营活动时，由于缺乏明确的法律条文作为指导，其行为很容易陷入"无法可依"的尴尬境地。这种情况不仅会让企业的合法权益无法得到法律的有效保护，还可能使其在未来的法律纠纷中处于极为不利的地位。因此，从长远来看，完善法律法规体系，确保其具备高度的系统性和完整性，已经成为当前优化营商环境、促进企业健康发展的当务之急。

2. 执法力度和一致性不足

在营商环境中，执法力度和一致性不足也是一个亟待解决的问题。一方面，执法过程中存在主观性和随意性，严重影响了法律的公正性和权威性。企业在面对执法时，往往因为执法者的主观判断而受到不公平的对待，这使得法律的执行效果大打折扣。另一方面，不同地区执法力度和标准不统一，给企业带来了额外的合规成本。企业在不同地区经营时，需要适应不同的执法标准和力度，这无疑增加了企业的运营难度和成本。因此，加大执法力度和一致性，确保法律在全国范围内的统一执行，是提升营商环境法治化水平的关键举措。同时，也需要建立有效的监督机制，对执法行为进行规范和监督，以确保执法的公正性和权威性。这样才能为企业提供稳定、可预期的法律环境，进而促进企业的健康发展。

（二）行政审批流程烦琐低效

1. 审批环节多、时间长

行政审批流程烦琐低效是当前营商环境中存在的一个显著问题。具体表现在审批环节众多，企业需要经过多个部门的层层审核，才能完成一项审批。这不仅消耗了企业大量的时间和精力，还增加了不必要的运营成本。同时，审批时间长也是一个突出问题，由于环节多、流程复杂，导致审批周期拉长，有时需要数月甚至更长时间才能得到批复。这种低效的行政审批流程严重影响了企业的正常运营和市场竞争力。因此，简化审批流程、减少审批环节、缩短审批时间，成为优化营商环境、提高企业运营效率的迫切需求。

2. 阻碍市场活力和创新

烦琐的行政审批流程不仅增加了企业的运营负担，也在深层次上阻碍了市场活力和创新。在快速变化的市场环境中，企业需要灵活应对，迅速调整经营策略和产品方向。然而，冗长的审批过程束缚了企业的手脚，使其错失市场机遇。此外，对于新兴行业和创新性项目，过度的行政审批可能会扼杀其创新精神。因为创新往往意味着打破常规，而这可能不符合现有的审批标准和流程，所以，烦琐的行政审批不仅影响了单个企业的运营效率，还在宏观层面上制约了整个市场的创新活力和发展潜力。为了激发市场活力和推动创新，必须改革现有的行政审批制度，使其更加高效、灵活，以适应新时代经济发展的需求。

二、市场环境层面

（一）市场准入与退出机制不完善

1. 市场准入门槛高

当前，市场准入门槛过高已成为营商环境中的一大难题。这一问题在部分行业中尤为突出，这些行业对潜在进入者设立了异常高的资本金、技术和人员等要求。这些高标准就像一道难以逾越的鸿沟，令许多有意进入市场的中小企业望而却步。这种情况不仅限制了市场参与者的多样性，而且在一定程度上扼杀了市场的活力与创新。高准入门槛的存在，实际上形成了一种隐形的市场壁垒。它不仅阻碍了新企业的涌现，减少了市场上的竞争主体，更重要的是，它削弱了市场竞争的激烈程度。在缺乏充分竞争的市场环境下，既有的企业可能因此减少创新动力，甚至滋生垄断行为，这对整个市场的健康发展是极为不利的。除此以外，地域性和行业性的市场保护壁垒同样不容忽视。这些壁垒常以地方保护政策或行业特定标准的形式出现，它们像一堵堵墙，将外地企业或新兴企业拒之门外。这不仅违背了市场公平竞争的原则，也严重影响了全国统一大市场的构建。高准入门槛和市场壁垒的存在，实质上是对企业自由进出市场的束缚，也是对资源优化配置的阻碍。在这样一个环境下，经济的持续发展和市场的繁荣会受到严重制约。因此，降低市场准入门槛，拆除行业间的壁垒，是推动市场走向公平竞争、激发整体经济活力的必由之路。这不仅需要政府部门的积极引导和政策支持，也需要社会各界的共同努力和配合，以期打造一个更加开放、包容、竞争有序的市场环境。

2. 市场退出机制不畅

在营商环境中，市场退出机制不畅的问题虽常被忽视，但其重要性不容忽视。当企业经营面临困境或需要进行战略转型时，一个高效、顺畅的市场退出机制尤为关键。这样的机制能够帮助企业迅速做出调整，及时止损，并将释放出的资源重新投入更有前景的领域，从而促进市场的动态平衡和健康循环。然而，现实情况却并不乐观。目前，企业在注销、破产等退出流程中往往遭遇重重阻碍。这些流程不仅复杂烦琐，而且耗时漫长，从而导致企业即便有意退出，也难以迅速完成相关手续。这种情况无疑增加了企业的退出成本，包括时间成本、财务成本等，甚至可能使企业陷入一种"僵尸"状态，即虽然名义上存在，但实际上已经停止了经营活动，无法有效退出市场。此外，当前还缺乏对退出企业的有效监管和后续处理机制。这可能导致一系列社会问题的产生，如员工失业后的安置问题、债权债务的纠纷等。这些问题不仅影响企业的正常退出，还可能对社会稳定产生不良影响。因此，完善市场退出机制迫在眉睫。这包括简化退出流程，减少不必要的环节和手续，提高退出效率；同时，加强对退出企业的监管和服务，确保其合法、有序地退出市场，并妥善处理好相关后续问题。

（二）市场竞争不公平与不规范

1. 不正当竞争行为频发

在当前的营商环境中，不正当竞争行为的频繁出现已成为一个亟待解决的问题。这些行为包括但不限于虚假宣传、商业贿赂及侵犯商业秘密等，它们都对市场的公平竞争秩序造成了严重的冲击。虚假宣传误导了消费者，使他们做出不符合自身利益的购买决策；商业贿赂则扭曲了商业交易的公平性，损害了诚信企业的利益；而侵犯商业秘密更是直接损害了创新企业的核心竞争力。这些不正当竞争行为不仅直接伤害了诚信经营的企业和广大消费者，还扭曲了市场的价格信号。当价格不再真实地反映商品或服务的价值时，资源的配置效率就会大幅下降，从而造成社会资源的浪费。为了追求眼前的短暂利益，一些企业甚至不惜采取低价竞争、恶意抢注商标等不正当手段，这不仅扰乱了整个市场的正常秩序，也严重阻碍了相关行业的健康与可持续发展。

这种不正当竞争行为频发，既暴露了市场监管的不足之处，也反映了部分企业道德责任的严重缺失。为了解决这一问题，必须从多方面入手：首先，要加强相关法律法规的制定和完善，确保市场行为有法可依。其次，要严格执行这些法律法规，对不正当竞争行为进行严厉的打击和处罚。最后，还需要引导和鼓励企业增强自身的社会责任意识和道德水平，让其真正认识到诚信经营的重要性。

2. 缺乏有效的市场监管

当前市场环境中，缺乏有效的市场监管是一个亟待解决的问题。市场监管部门的监管力量明显不足，而且监管手段相对单一，这导致监管部门难以对所有市场主体进行全面而有效的监督和管理。在这种情况下，一些不法企业趁机利用监管的漏洞进行违法违规行为，如价格欺诈、假冒伪劣等，这些行为严重损害了市场的公平竞争原则和消费者的合法权益。更为严重的是，一些地区由于地方保护主义的存在，对本地企业给予了不应有的特殊照顾和保护。这种做法不仅违背了市场经济的公平竞争原则，也严重破坏了市场竞争的公平性。当地企业因此可能获得不正当的竞争优势，而外地企业则可能面临不公平的待遇，这对市场的健康发展构成了极大的威胁。为了从根本上改善这一状况，亟须加强市场监管体系的建设，包括提升监管人员的专业素质和执法能力，以及丰富和更新监管手段，从而确保能够对所有市场主体进行公正、透明的监管。同时，必须坚决打破地方保护主义，推动全国范围内形成一个统一、开放、竞争、有序的市场体系。只有这样，才能为各类市场主体提供一个真正公平竞争的市场环境，进而激发市场活力，推动经济的持续繁荣和发展。

三、社会服务与支持层面

（一）服务机构设置不合理

当前，社会服务机构的设置存在一些问题，这主要体现在两个方面：一是服务机构分布较为分散，没有形成一个统一、集中的服务体系，这导致了服务效率低下和资源分配不均。当企业需要寻求服务支持时，往往需要在多个机构之间奔波，这增加了企业的办事难度和时间成本。二是部分服务机构之间存在职能重叠，这种重复建设不仅浪费了社会资源，还使得企业在寻求服务时感到困惑，不知道该去哪个机构办理相关业务。这种服务机构设置的不合理，直接影响了社会服务体系的整体效能，也制约了企业的高效运营。为了解决这一问题，有必要对服务机构进行合理整合和优化，形成一个统一、高效的服务网络，从而更好地服务于企业。

（二）服务质量不高

服务质量不高是当前社会服务体系面临的另一个重要问题。这主要体现在服务人员专业素质参差不齐，部分服务人员缺乏必要的专业知识和实践经验，难以提供高质量、专业的服务。同时，一些服务机构的服务态度也存在问题，缺乏主动服务意识，不能主动了解企业的实际需求并提供相应的解决方案。这种服务质量不高的问题，不仅影响了企业的正常运营，也损害了社会服务机构的形象和公信力。在这种情况下，需要建立完善的服务质量评价体系和监督机制，确保服务机构能够持续提供高质量的服务，满足企业的实际需求。只有这样，才能构建一个完善、高效的社会服务体系，为企业的健康发展提供有力的支持。

（三）基础设施建设滞后

1. 交通物流不便

交通物流的便利性是衡量一个地区营商环境的重要指标。然而，当前一些地区的交通基础设施建设仍然滞后，给企业的物流运输带来了诸多不便。首先，部分地区的道路状况较差，存在路面破损、交通拥堵等问题，严重影响了物流效率。特别是在一些偏远地区，交通不便成为制约当地企业发展的瓶颈。其次，物流节点设施不完善，如缺乏现代化的仓储设施和配送中心，导致物流成本高昂且效率低下。为了解决这些问题，政府应加大投入，加快交通基础设施的建设和改造，提高道路等级和通行能力。同时，还应优化物流节点布局，建设现代化的物流枢纽和配送中心，降低物流成本，提高企业的市场竞争力。

2. 信息化水平不高

在信息化时代，信息化水平的高低直接影响企业的运营效率和创新能力。然而，目前一些地区的信息化建设仍然滞后，制约了企业的发展。具体表现在信息通信网络设施不完善，网络覆盖不全、信号质量差。还有部分企业缺乏信息化管理系统，导致内部管理效率低下，信息无法及时共享。此外，信息化服务水平不高，缺乏专业的信息化服务机构和人才，难以满足企业的实际需求。针对这些问题，政府应加快推进信息通信网络的建设和优化，提高网络覆盖率和信号质量。同时，应鼓励和支持企业引进和开发先进的信息化管理系统，提高企业的信息化水平。另外，还应加强信息化服务体系建设，培养和引进专业的信息化服务人才，为企业提供高质量的信息化服务。

四、社会文化层面

（一）社会文化观念差异

1. 传统与现代商业文化的冲突

传统商业文化注重的是人情、关系与信誉，交易往往建立在长期的个人信任和口碑之上。然而，随着全球化的推进和市场经济的快速发展，现代商业文化逐渐强调规则、合同和效率。这种转变在一些地区引发了传统与现代商业文化的冲突。传统的商业习惯与现代商业规则的不兼容，使得企业在经营过程中需要不断平衡两者之间的关系。例如，在一些地区，商业活动仍然深受家族、宗族等传统社会结构的影响，这可能与现代商业文化中强调的专业化、透明化和公平竞争原则产生摩擦。为了解决这种冲突，企业需要深入了解当地文化，尊重并融入传统元素，同时推动现代商业文化的传播与实践，以实现两种文化的和谐共存。

2. 地域文化差异带来的挑战

地域文化差异是企业在拓展市场时经常面临的挑战。不同地区的文化习俗、价值观念、商业惯例等差异显著，这要求企业在进入新市场时必须进行充分的文化适应。例如，某些地区可能更注重礼仪和面子，而另一些地区则更看重效率和直接性。若企业忽视这些差异，可能会导致沟通障碍、合作困难，甚至文化冲突。为了克服地域文化差异带来的挑战，企业需要具备跨文化沟通的能力，尊重并理解当地的文化习惯和商业规则。同时，通过市场调研，与当地合作伙伴的深入交流，企业可以更好地把握目标市场的文化特点，从而调整商业策略，确保业务的顺利开展。

（二）社会信任与协作氛围

1. 社会信任度不足

社会信任是商业活动的基石，然而，当前社会信任度不足已成为营商环境中的一个重要问题。缺乏信任会增加交易成本，因为各方需要花费更多的资源和时间来验证对方的信誉和承诺。同时，这种不信任的氛围也会导致商业合作变得困难，因为合作伙伴可能会担心被欺骗或背叛。此外，社会信任度不足还会影响消费者对产品和服务的信心，从而降低市场需求。为了提高社会信任度，需要政府、企业和个人共同努力，通过建立透明的信息披露制度、加大法律法规的执行力度，以及推广诚信文化等措施，来营造一个更加可信赖的商业环境。

2. 协作氛围不浓厚

协作氛围不浓厚是营商环境中另一个需要关注的问题。在商业活动中，良好的协作氛围能够促进信息共享、资源整合和创新合作，从而提高整体竞争力。然而，目前一些地区或行业内、企业之间缺乏有效的沟通和协作机制，从而导致资源浪费、恶性竞争和市场分割。为了改善这种情况，政府和企业应该共同推动建立行业协作平台，促进信息共享和资源整合。同时，还应该加强产学研合作，推动技术创新和产业升级。通过这些措施，可以营造一个更加浓厚的协作氛围，促进商业生态系统的健康发展。

（三）知识产权保护意识

1. 知识产权保护不足

知识产权保护不足是当前营商环境中的一个突出问题。随着科技的快速发展，知识产权的重要性日益凸显，然而在实际操作中，知识产权保护却往往被忽视。许多企业因为缺乏足够的知识产权保护意识，从而导致自身的创新成果被轻易窃取或模仿，这不仅损害了企业的利益，也打击了企业创新的积极性。此外，一些地方政府在知识产权保护方面的执法力度不足，也使得侵权行为得以滋生。为了改善这一状况，需要加强知识产权法律法规的宣传和执行力度，提高侵权成本，并且鼓励企业建立完善的知识产权管理制度，提升自我保护能力。

2. 公众对知识产权的认知度低

公众对知识产权的认知度低是另一个需要关注的问题。由于知识产权教育普及不够广泛，许多人对于知识产权的概念、意义和保护方式了解甚少。这种认知上的不足导致了公众在日常生活中容易忽视对知识产权的尊重和保护，甚至有些人会无意中侵犯他人的知识产权。为了提高公众对知识产权的认知度，需要加大知识产权教育的普及力度，通过学校教育、媒体宣传等多种途径，提升公众对知识产权的重视程度。政府和相关机构也应加强知识产权的宣传与推广工作，帮助公众更好地理解和保护知识产权。

第三节　高质量发展对营商环境的新要求

一、市场化进程的推进

（一）加强市场体系建设

1. 完善商品和要素市场

在高质量发展的要求下，完善商品和要素市场尤为重要。商品市场的完善，不仅涉及商品流通的顺畅，而且关乎消费者权益的保护和市场秩序的维护。这需要建立健全商品质量标准体系，加强对商品质量的监管，确保市场上的商品符合相关标准。同时，要推动商品市场的数字化转型，利用现代信息技术提高商品流通效率，降低交易成本。对于要素市场，特别是资本、土地、劳动力等关键生产要素市场，需要进一步完善交易规则，确保公平交易，防止资源错配和浪费。此外，还应加强市场监测和预警机制，及时发现和解决市场运行中的问题，确保市场的稳定和可持续发展。

2. 促进市场竞争与反垄断

市场竞争是推动经济高质量发展的关键动力，而反垄断则是维护市场竞争秩序的重要手段。为了促进市场竞争，需要打破行业壁垒和地域限制，让各类市场主体在公平的环境中展开竞争。同时，要加强对市场主体的培育和支持，鼓励创新和技术进步，提高市场竞争力。在反垄断方面，应加强对市场垄断行为的监管和打击力度，防止市场出现不公平竞争和损害消费者权益的行为。通过促进市场竞争与反垄断，可以推动市场体系的不断完善，为经济高质量发展提供有力的市场支撑。

（二）优化市场准入环境

1. 简化市场准入程序

烦琐的准入流程往往会阻碍企业快速进入市场，影响市场活力和创新。

因此，简化市场准入程序至关重要。这包括减少不必要的行政审批环节，合并或取消重复的审查项目，以及优化线上服务平台，使企业能够更便捷地完成注册、备案等手续。同时，应建立标准化的准入流程，确保所有企业按照统一的标准进行审查，减少人为干预和歧视性待遇。通过这些措施，可以降低企业进入市场的门槛，激发市场主体的积极性和创造力，促进整体经济的繁荣与发展。

2. 扩大市场开放领域

在高质量发展的背景下，扩大市场开放领域是提升市场活力和竞争力的重要途径。通过放宽外资和民间资本的准入条件，可以吸引更多的投资和创新资源，推动相关行业的发展和升级。同时，开放更多的市场领域，也能为消费者提供更多样化的产品和服务选择，提升市场整体的服务质量和效率。在扩大开放的过程中，需要注重平衡国内外企业的利益，确保公平竞争的市场环境。此外，还应加强监管，防止市场垄断和不正当的竞争行为，保障市场的稳定和健康发展。通过这些措施，可以为高质量发展注入新的活力，推动经济的持续增长和繁荣。

（三）提升市场运行效率

1. 加强市场监管体系建设

一个健全的市场监管体系能够有效地维护市场秩序，防止不正当竞争和违法行为，保护消费者权益，从而确保市场的公平与透明。为了实现这一目标，需要完善市场监管法规，明确市场主体的权利和责任，为市场监管提供法律依据。同时，应提高市场监管的效能，加大执法力度，确保各项法规得到有效执行。此外，还应建立健全市场信用体系，通过记录和评估市场主体的信用状况，促进市场主体自觉遵守市场规则，提高市场整体诚信水平。这些措施将有助于构建一个公平、透明、有序的市场环境，进而提升市场运行效率。

2. 促进市场信息化建设

市场信息化能够提高信息透明度，减少信息不对称，使市场参与者能够更准确地把握市场动态，做出更明智的决策。为了实现市场信息化，需要推进市场信息化建设进程，完善市场信息的收集、整理、发布机制，确保市场信息的准确性、及时性和全面性。同时，应利用大数据、云计算等现代信息技术手段，对市场数据进行深入挖掘和分析，为市场参与者提供更加个性化、精准化的信息服务。通过这些措施，可以有效地降低市场交易成本，提高市场资源的配置效率，从而推动市场的高效运行和高质量发展。

（四）完善市场配套服务

1. 优化市场物流服务

随着电子商务的快速发展，物流服务的质量和效率直接关系到商品从生产者到消费者的流通速度和成本。为了优化市场物流服务，需要加强物流基础设施建设，包括建设现代化的仓储设施、完善交通运输网络等，以提高物流运输的容量和效率。同时，还应推动物流服务的智能化和信息化，利用先进的技术手段，如物联网、大数据分析等，实现物流信息的实时更新和共享，从而提升物流服务的准确性和响应速度。通过这些措施，可以有效地降低物流成本，缩短商品流通时间，为消费者提供更快捷、更便利的购物体验，进而促进市场的繁荣和发展。

2. 加强金融服务支持

加强金融服务支持，首先要完善金融市场体系，丰富金融产品和服务，以满足不同市场主体的多样化需求。金融机构应创新金融产品和服务，如提供定制化的融资解决方案、降低融资门槛等，以更好地服务于中小企业和创新型企业。同时，应加强对金融市场的监管，确保金融市场的稳定健康发展。此外，还可以通过政策引导，鼓励金融机构加大对实体经济的支持力度，从而促进资金的有效配置和使用。通过这些措施，可以有效地解决企业融资难、融资贵的问题，为市场的发展注入强劲的动力，推动经济的高质量发展。

二、投资环境的国际化

(一) 完善外商投资政策体系

1. 制定优惠政策吸引外资

为了吸引更多的外资投入，制定优惠政策是非常重要的。首先，税收优惠是一项重要措施，通过降低外资企业的税负，可以减少其运营成本，从而提高外资的投资回报率。这不仅能够鼓励已有的外资企业扩大投资规模，还能吸引更多新的外资企业入驻。此外，简化外资企业设立程序也是关键环节。烦琐的设立流程往往会阻碍外资的进入，因此，通过优化审批流程、缩短审批时间，可以让外资企业更加高效地完成注册和开展业务。这些优惠政策的制定和实施，将有效提升当地对外资的吸引力，进而促进经济的持续发展。

2. 加强知识产权保护

完善的知识产权法律法规能够为外资企业提供坚实的法律保障，确保其技术成果和商业秘密得到充分保护。这不仅能够降低外资企业的运营风险，还能增强其投资信心。同时，设立专门机构来加大知识产权侵权的打击力度，可以有效遏制侵权行为的发生，维护市场的公平竞争秩序。通过这些措施，可以营造一个更加安全、稳定的投资环境，进一步吸引外资的流入，并推动经济的繁荣发展。

(二) 优化外商投资服务环境

1. 建立外商投资服务中心

建立外商投资服务中心可以为外资企业提供"一站式"服务，协助其办理各项手续，从而大大减少企业在投资过程中的行政成本和时间成本。此外，服务中心还可以设立外商投资咨询热线，为外资企业提供及时、专业的咨询服务，解答企业在投资过程中遇到的各类疑问。这样不仅能提升外资企业的投资体验，还能进一步彰显地区对外商投资的友好态度和专业服务，有助于吸引更多的外资企业入驻，并促进当地经济的持续发展。

2. 加强外资企业后续服务

通过定期开展外资企业走访活动，可以深入了解企业的实际运营情况和需求，及时发现并解决企业在生产经营过程中遇到的问题。这种个性化的服务方式能够增强外资企业对投资环境的信任和满意度，进而促进企业的稳定发展。同时，通过协助外资企业解决生产经营中的难题，可以进一步提升企业的运营效率和竞争力，为当地经济贡献更多的税收和就业机会。这种全方位的后续服务，不仅有助于外资企业的长远发展，而且对提升整个地区的投资环境和经济实力具有重要意义。

（三）推进国际贸易便利化

1. 提升口岸通关效率

通过推广"单一窗口"通关模式，可以大大简化报关手续，减少企业在多个部门之间往返办理业务的时间。这种模式整合了海关、检验检疫、税务等多个部门的信息和资源，为企业提供了"一站式"服务，从而提高了通关速度。此外，加强与海关、检验检疫等部门的沟通协调也是提升通关效率的重要措施。通过定期召开联席会议，及时解决通关过程中遇到的问题，可以确保货物快速、顺畅地通过口岸，从而为国际贸易的顺利进行提供有力保障。

2. 优化国际贸易金融服务

鼓励金融机构为外资企业提供融资支持，可以缓解企业在贸易过程中的资金压力。金融机构可以开发更多符合国际贸易特点的金融产品，如信用证融资、保理业务等，以满足企业在不同贸易环节的资金需求。同时，推广跨境人民币结算业务也是优化金融服务的重要举措。这不仅可以降低企业在结算过程中的汇率风险，还能减少兑换成本，提高资金使用效率。通过这些金融服务措施的优化，可以进一步促进国际贸易的发展，提升贸易便利化水平。

（四）加强国际交流与合作

1. 积极参与国际经贸活动

通过组织外资企业参加国际展会、论坛等活动，不仅能够展示本地区的投资环境和优势产业，还能与全球企业和投资者建立更紧密的联系。在这些活动中，可以深入了解国际市场的最新动态和趋势，寻找更多的合作机会。并且这也是一个学习和借鉴国际先进经验和技术的好机会，有助于提升当地企业的国际竞争力。通过这些国际经贸活动，可以进一步提升当地的国际知名度，吸引更多的外资和技术，推动经济的全球化发展。

2. 推动双边与多边投资协定签署

推动双边与多边投资协定签署能够为外资企业提供更稳定和可预测的投资环境，降低跨国投资的风险。与主要投资来源国进行双边投资协定谈判，可以明确双方的权利和义务，保护外资企业的合法权益。同时，积极参与多边投资协定的签署，可以在更广泛的范围内建立统一的投资规则和标准，从而促进国际投资的自由化和便利化。通过这些协定的签署和实施，可以进一步吸引外资，推动经济的开放和发展，实现共同繁荣。

三、创新激励机制的完善

（一）构建人性化的人才激励机制

1. 提供具有竞争力的薪酬

提供具有竞争力的薪酬不仅是员工工作的回报，也是对员工能力和贡献的认可。具有竞争力的薪酬可以激发员工的工作积极性和创造力，而且合理的薪酬体系还能够提升员工的满意度和忠诚度，减少人才流失，从而为企业创造更大的价值。因此，企业应根据市场薪酬水平和员工能力，制定科学合理的薪酬体系，确保员工得到应有的回报。

2. 设计畅通的晋升渠道

设计畅通的晋升渠道，在构建完善的人才激励机制中，具有举足轻重的作用。员工不仅是为了获得薪资而工作，他们更希望在职业生涯中实现自我价值，不断提升和成长。因此，明确的晋升通道和清晰的晋升标准，就像是为员工绘制了一幅职业发展蓝图，使他们能够清晰地看到自己的未来和在企业的成长空间。为了满足员工这一需求，企业应该精心为员工规划职业发展路径，这条路径不仅要明确，而且要多元化，以适应不同员工的发展需求和职业规划。多元化的晋升机会意味着员工可以根据自己的兴趣和能力，选择适合自己的发展方向，这会极大地增强他们的工作满意度和归属感。定期的绩效评估和反馈机制也很重要。这不仅可以帮助员工及时了解自己的工作表现，也能使他们认识到自己的优势和需要改进的地方。基于这些反馈，员工可以制订更加明确和有针对性的个人发展计划，从而在职业道路上走得更稳、更远。这样的机制，不仅有助于员工的个人成长，而且能推动企业的整体发展，实现双赢。

3. 营造鼓励创新的文化氛围

企业应该倡导开放、包容、试错的文化，鼓励员工勇于尝试新事物、新方法，不怕失败，敢于挑战传统。企业应该为员工提供充足的资源和支持，让他们能够自由地探索新的想法和解决方案。此外，定期组织创新分享会和交流活动，让员工之间互相学习、互相启发，形成良好的创新氛围。这种文化氛围不仅能够激发员工的创新精神，还能够增强团队的凝聚力和向心力，从而推动企业的持续创新和发展。

（二）实施多样化的创新奖励

1. 设立创新奖项

设立创新奖项是激励员工踊跃投身于创新活动的有力措施。企业通过设立年度创新奖或其他形式的奖项，可以鲜明地向全体员工传递出对创新行为和成果的深切赞赏与鼓励。这种奖励机制不仅包含实实在在的物质奖励，如丰厚的奖金或精美的奖品，也蕴含着对创新精神和显著成果的崇高赞扬。当某位员工或团队凭借出色的创新能力与成果获得这个奖项，并在企业全体成员面前接受公开的表彰时，这是对他们努力与才华的极大肯定。这种正面的反馈不仅能够极大地提升受奖者的自豪感和成就感，进一步激发他们的创新热情和探索精神，而且还会产生示范效应，激励其他员工也积极参与到创新实践中来。

2. 提供非物质奖励

除了物质奖励的实质性激励，非物质奖励在推动员工创新方面发挥着举足轻重的作用。非物质奖励的形式多样，其中公开赞扬创新者是一种直接而有效的方式，它能够让员工感受到自己的努力和成果得到了广泛的认可。此外，为优秀员工提供更多的职业发展机会，也是非物质奖励的重要组成部分。这意味着给予他们更大的舞台，让他们能够在更广阔的领域内施展才华，从而实现自我价值的最大化。赋予在创新中表现突出的员工更大的责任和权限，不仅是对他们能力的肯定，也是一种深度的信任。这种信任和责任的赋予，会激发员工更强烈的责任感和使命感，促使他们更加全身心地投入创新工作中。

（三）建立创新成果评判与反馈机制

1. 明确评判标准

在创新激励机制中，明确创新成果的评判标准不仅可以为员工的创新活动提供明确指导，还能够确保创新成果的公正评价。评判标准应该具有客观性、可操作性和公平性，能够全面反映创新成果的价值和贡献。具体来说，可以从创新性、实用性、经济效益和社会效益等多个维度来设定标准。创新性主要考察创新点的新颖程度和独特性；实用性关注创新成果是否解决实际问题，提高工作效率；经济效益看重创新成果是否为企业带来实际的利润增长；而社会效益则评估创新成果对社会的积极影响。通过明确这些评判标准，企业能够更准确地衡量员工的创新成果，进而给予相应的奖励和激励。

2. 及时反馈与调整

企业应该建立一种机制，让员工在提交创新成果后能够得到迅速反馈。这种反馈不仅包括对员工创新成果的评价，还包括对创新思路、方法和实施过程的建议。通过及时反馈，员工可以了解自己的创新成果在哪些方面得到了认可，哪些方面还需要改进，从而明确下一步的努力方向。企业也应该根据市场反馈和实际情况，及时调整创新策略和方向。这种灵活性和敏捷性能够使企业更好地适应外部环境的变化，确保创新活动始终与市场需求和企业发展战略保持一致。通过及时反馈与调整，企业可以不断优化创新流程，提高创新效率，从而推动企业的持续发展和竞争力提升。

（四）持续优化和完善创新激励机制

1. 定期评估与调整

企业应该设定固定的评估周期，对现行的创新激励机制进行全面的审查和分析。评估过程中，要广泛收集员工的意见和建议，了解他们对当前激励机制的看法和感受。并且要结合企业的发展战略和市场环境的变化，对激励机制进行相应调整。这种调整可能涉及奖励标准的更新、晋升渠道的优化、创新氛围的营造等多个方面。通过定期评估与调整，企业能够确保创新激励机制始终与员工的期望和企业的发展目标保持一致，从而最大限度地激发员工的创新潜能。

2. 加强沟通与协作

企业应该建立开放、透明的沟通渠道，鼓励员工提出对创新激励机制的看法和建议。这种沟通不仅应该是双向的，还应该是多层次的，包括员工与管理层之间、部门与部门之间的沟通。通过充分的沟通，企业能够更全面地了解员工的需求和期望，进而制定出更加贴近员工实际的激励机制。企业应该鼓励部门之间、团队之间的协作与配合，共同推动创新激励机制的完善。这种协作精神不仅能够提升企业的整体创新能力，还能够增强员工的归属感和团队精神。通过加强沟通与协作，企业能够打造出更加高效、灵活的创新激励机制，为企业的长远发展提供有力支持。

第四章　企业成长的营商环境需求分析

第一节　不同类型企业对营商环境的适应性分析

一、大型企业对营商环境的适应性

（一）资金和资源优势

大型企业由于具有雄厚的资金基础，展现出极强的市场抵御能力，这种能力在市场波动和风险面前尤为重要。资金优势不仅意味着企业有更多的"底气"去应对可能出现的困境，也代表着它们可以更加从容地进行战略规划与布局。有了充足的资金支持，大型企业能够进行更长远的投资，不必过分担心短期内的回报压力。例如，在新技术研发方面，大型企业可以投入更多的资源，持续地进行科研和创新，从而确保在技术领域的领先地位。这种投入可能短期内看不到明显的经济回报，但对于企业的长远发展是至关重要的。再者，资金优势也让大型企业有能力扩大生产规模，满足更多的市场需求。无论是增设生产线、提高产能，还是进行厂房扩建，这些都需要大量的资金投入。大型企业在这方面显然拥有更多的灵活性和选择权。此外，进入新市场也是大型企业常有的战略举措。无论是国内市场的拓展，还是国际市场的开拓，都需要企业有充足的资金作为后盾。大型企业在这方面有着天然的优势，它们可以更加自信地迈入新的市场领域，寻求更多的商业机会。大型企业通常还拥有丰富的资源储备，包括高素质的人力资源、充足的物资资源及广泛的信息资源等。这些资源是企业在长期发展过程中逐步积累和沉淀下来的。它们为企业在激烈的市场竞争中保持领先地位提供了坚实的支撑，也使得企业能够游刃有余地应对各种营商环境的变化。

（二）市场影响力

大型企业因其在市场中的重要地位，通常享有较高的市场份额和广泛的品牌知名度。这种市场影响力，赋予了它们在与各类商业伙伴，包括供应商、客户和合作伙伴进行商业谈判时的优势地位。由于大型企业的市场份额大、品牌效应强，所以往往能够在商业交易中争取到更加优惠的合同条件和获取更多的资源。这种谈判优势，不仅有助于大型企业降低成本、提升利润空间，还进一步巩固了它们在市场中的领导地位。大型企业的产品和服务因其品质和创新性，经常成为市场的风向标，引领着行业的潮流。消费者在选择商品或服务时，往往会受到大型企业品牌的影响，这些企业的产品常常成为消费者的首选。这种对消费者购买决策的影响力，进一步增强了大型企业在市场中的主导地位。此外，大型企业的市场影响力还体现在它们对未来市场趋势的引领和塑造上。通过不断地推出创新产品和服务，大型企业不仅能够满足现有的市场需求，还能够创造新的市场机会，从而持续引领行业的发展方向。大型企业的市场影响力是其在营商环境中保持稳定和持续发展的关键因素。这种影响力不仅帮助企业在当前的商业环境中占据有利地位，还为未来的市场扩张和多元化发展奠定了坚实的基础。

（三）管理与创新能力

大型企业之所以能够在快速变化的市场环境中游刃有余，很大程度上得益于它们所拥有完善的管理体系和高效的运营机制。这些企业在长期的发展过程中，已经建立起了一套科学、系统的管理流程，从战略规划到执行落地，每一个环节都有明确的职责划分和严谨的操作规范。这种管理体系不仅确保了企业内部的协调一致，也大大提高了决策效率和执行能力。在运营管理方面，大型企业展现出了高效的运营机制。它们通过精细化的管理和先进的信息化手段，实现了资源的优化配置和流程的简化，从而提升了整体运营效率。这种高效的运营机制使得大型企业能够在第一时间响应市场变化，迅速调整策略，确保企业的稳健运营。除了管理上的优势，大型企业还非常注重创新能力的培养。它们深知创新是企业发展的核心驱动力，因此不断投入研发，探索新技术、新产品和新服务。这种创新精神不仅让大型企业能够紧跟市场趋势，也使它们能够在市场竞争中抢占先机，实现持续发展。大型企业也善于运用并购、合作等策略来整合外部资源。它们通过与行业内外的优秀企业进行合作，实现资源共享和优势互补，进一步提升了自身的竞争力。这种开放、合作的态度，让大型企业在面对复杂多变的营商环境时，能够更加灵活地应对挑战，抓住市场机遇。

二、中小企业对营商环境的适应性

（一）灵活性与快速响应

中小企业相较于大型企业而言，展现出更为突出的灵活性和迅速应变能力。这主要得益于它们相对较小的规模和简化的决策流程。当市场出现新的机遇或挑战时，中小企业能够迅速做出反应，调整自身的战略方向，以适应不断变化的市场环境。这种灵活性在产品方向的调整上表现得尤为明显。中小企业能够更快地洞察到市场的需求和趋势，并据此调整产品线，以满足消费者的新需求。不仅如此，中小企业在生产方式的改变上也展现出了高度的灵活性。它们能够根据市场反馈，及时调整生产流程，以提高生产效率和产品质量。销售策略的更新也是中小企业灵活性的重要体现。它们能够根据不同的市场环境和消费者行为，迅速调整销售策略，采用更加有效的营销手段来吸引客户。这种快速响应市场变化的能力，使得中小企业能够更好地抓住商机，扩大市场份额。中小企业的灵活性不仅使它们能够在复杂多变的市场环境中立足，还赋予了它们独特的竞争优势。通过及时调整产品方向、生产方式和销售策略，中小企业能够更好地满足客户需求，抓住每一个商机，从而在激烈的市场竞争中脱颖而出。

（二）成本控制与效率

中小企业在成本控制方面具有不可忽视的天然优势。由于其规模相对较小，管理层级简洁，决策和执行更迅速有效，这大大减少了信息传递的时间和成本。管理结构的扁平化使得企业能够更加直接地监控和调整各项开支，从而更有效地控制成本，避免不必要的浪费。这种紧凑而高效的管理模式是中小企业在成本控制上的独特优势。此外，中小企业对于提高生产效率给予了高度重视。它们深知在资源有限的情况下，唯有通过不断优化生产流程，提升每个环节的效率，才能实现成本的最小化和产出的最大化。为此，中小企业积极投入资源来提升员工的技能和效率，确保每一名员工都能在各自的岗位上发挥最大的价值。这种对生产效率的极致追求，使得中小企业能够以较小的投入获得较大的产出，从而在成本控制上占据有利地位。中小企业采用的这种成本控制和效率提升的策略，在激烈的市场竞争中尤为重要。它们通过精细化管理、提高生产效率等手段，成功地在成本控制上取得优势，这不仅有助于提升企业的盈利能力，还为企业的长远发展奠定了坚实的基础。在商业环境日新月异的今天，这种策略无疑是中小企业保持竞争优势的关键。

（三）合作与联盟策略

中小企业在市场竞争中更倾向于寻求与其他企业或机构的合作与联盟。这种策略背后蕴含着深厚的商业智慧。通过与其他中小企业或大型企业的紧密合作，它们能够共同研发新产品，这不仅分摊了研发成本，还加速了产品创新的速度。合作开拓新市场为中小企业提供了更广阔的发展空间，这种共赢的模式有效地弥补了中小企业在资源、技术或市场上的短板。合作与联盟为中小企业带来的不仅是经济上的利益。在品牌建设方面，通过与知名企业联手，中小企业的品牌影响力得到显著提升，这会增加消费者对品牌的认知和信任，进而提高市场竞争力。在全球化的大背景下，中小企业通过国际合作与交流，接触到了更广阔的市场和更先进的技术。这种跨国合作不仅让中小企业获取了更多的市场信息，还帮助它们引进了国际先进的生产技术和管理经验，从而推动了企业的快速发展。可以说，合作与联盟策略是中小企业在面对复杂多变的营商环境时的一种有效应对策略。它不仅实现了资源共享和优势互补，还让中小企业在激烈的市场竞争中更加从容，为其长远发展奠定了坚实的基础。

三、初创企业对营商环境的适应性

（一）创新思维与商业模式

初创企业的核心优势中最突出的就是其创新思维。在日新月异、竞争激烈的营商环境中，这种创新思维成为初创企业立足的重要基石。它们能够敏锐地捕捉到市场的微妙变化，通过深入洞察消费者的需求，运用独特的创新理念，开发出别具一格的新产品或服务。初创企业不受传统商业模式的束缚，它们敢于挑战现状，勇于进行各种尝试。这种敢于突破的精神，使得初创企业能够不断探索、试错，直至找到最适合当前市场的商业模式。而这种探索和试错的过程，也正是初创企业不断学习和成长的过程。正是由于这种创新思维和灵活性，初创企业才能在竞争激烈的市场中脱颖而出。它们不仅能够满足消费者日益多样化的需求，也能够引领市场潮流，为消费者带来全新的产品体验。这种独特的竞争优势，使得初创企业在商业领域中占据一席之地，并为其未来的发展和壮大奠定了坚实的基础。初创企业的创新思维是其在快速变化的营商环境中保持竞争力的关键。通过这种思维，初创企业不仅迅速适应市场变化，还创造出独一无二的价值，为消费者和市场带来新的活力和机遇。

（二）融资与资源整合

初创企业在资金和资源方面虽然面临诸多挑战，但它们展现出了非凡的融资和资源整合能力。为了支持企业快速发展，初创企业积极寻求各种外部融资机会，如天使投资、风险投资等。它们通过与投资机构建立良好的沟通与合作，成功吸引了大量的资金支持，为企业的研发、市场推广等注入了强大的动力。除了融资能力，初创企业在资源整合方面也表现出色。面对有限的内部资源，它们巧妙地整合内外部资源，与合作伙伴、供应商等建立了紧密的合作关系。通过这种合作，初创企业不仅能够获得必要的物资和技术支持，还能够借助合作伙伴的渠道和市场影响力，迅速拓展自身的业务范围。初创企业的这种融资和资源整合能力，在复杂多变的营商环境中变得尤为重要。它们通过灵活的策略和高效的执行力，成功地将有限的资源转化为推动企业发展的强大动力。这种能力不仅使初创企业在竞争激烈的市场中站稳脚跟，也为其未来的扩张和成长奠定了坚实的基础。可以说，融资和资源整合能力是初创企业生存和发展的重要保障，也是它们不断追求卓越、实现跨越式发展的关键。

（三）团队与文化建设

在初创企业中，团队建设和文化塑造至关重要。一个高效、团结的团队不仅能够提升工作效率，还能够增强企业的凝聚力和战斗力，从而为企业创造更大的价值。为了实现这一目标，初创企业在招募人才时，不仅看重专业技能和经验，而且注重寻找那些具有共同价值观和愿景的伙伴。因为只有当团队成员都怀揣着相同的理念和目标时，才能够形成真正的合力，共同推动企业向前发展。在团队建设过程中，初创企业通过培训、激励等多种方式，不断提升团队的整体素质。为员工提供各种专业技能培训，帮助员工提升自身能力；通过激励机制，鼓励员工积极创新、追求卓越。初创企业也非常注重培养独特的企业文化。他们希望通过塑造一种积极向上的工作氛围，激发员工的归属感和创造力。在这种企业文化的熏陶下，员工们更加热爱自己的工作，愿意为企业的发展贡献自己的力量。正是这种对团队建设和文化塑造的高度重视，才使得初创企业在竞争激烈的市场中保持持续的创新力和战斗力。

四、跨国企业对营商环境的适应性

（一）全球化战略布局

跨国企业在全球化大背景下面临着前所未有的机遇与挑战。为了应对这些变化并寻求更广阔的发展空间，企业必须精心构建全球化战略布局。这一战略的核心在于，通过在不同国家和地区设立分支机构，企业能够充分利用各地的独特资源、优质劳动力和庞大的市场优势。通过全球化布局，跨国企业不仅能够有效分散经营风险，还能减少对单一市场的过度依赖。这种布局使得企业能够根据各地市场的实际情况灵活调整经营策略，从而更好地应对各种市场变化。全球化战略布局让企业能够更迅速地响应不同地区的市场需求和客户反馈，进一步提升客户满意度和忠诚度。更为重要的是，全球化战略布局为跨国企业提供了抓住全球新兴市场机遇的契机。随着全球经济的不断发展，新兴市场正逐渐成为推动全球经济增长的重要力量。通过在新兴市场设立分支机构，企业能够更深入地了解当地市场特点，发掘潜在商机，从而进一步拓展业务领域，提升自身的国际竞争力。

（二）文化与法律适应性

在跨国经营中，文化和法律的差异是企业需要认真面对的挑战。每个国家和地区都有其独特的文化背景和法律制度，这就要求跨国企业在进军新市场时，必须做好充分的准备和调研。对于文化差异，企业不能仅停留在表面的了解，而应深入探索目标市场的文化内核。这包括但不限于当地的价值观、信仰、社交礼仪、商业习惯等。只有真正理解了这些文化差异，企业在与当地合作伙伴、客户和员工交流时，才能避免不必要的冲突和误解。除了文化差异，法律环境的差异同样重要。每个国家的法律体系都有其独特性，企业在跨国经营时必须严格遵守当地的法律法规。这包括劳动法、税法、环保法，以及与行业相关的特定法规。任何违法行为都可能导致重大的经济损失和声誉损害。通过增强对目标市场文化和法律环境的适应性，企业不仅能够减少潜在的风险和冲突，还能更好地融入当地市场，与当地社区建立和谐的关系。

（三）技术创新与本地化

面对多样化的市场环境和消费者需求，企业必须展现出极高的灵活性和应变能力。技术创新是企业持续发展的核心动力。在适应不同市场环境时，企业应根据特定地区的消费者需求和市场特点，对产品设计和功能进行细致入微的调整和创新。这种创新可能涉及产品的性能提升、用户界面优化，或是增加符合当地消费者喜好的特色功能。通过这些创新举措，企业能够确保产品更加贴近目标市场的需求。与此同时，本地化策略的实施不容忽视。本地化不仅是简单的语言翻译，也包括深入理解当地文化、消费习惯和商业环境，并据此调整营销策略、产品包装及服务方式。例如，在某些文化中，红色可能象征着吉祥和繁荣，而在其他地方则可能有不同的寓意。因此，企业在产品包装和营销活动中应充分考虑这些因素，以确保信息的准确传达和消费者的情感共鸣。通过将技术创新和本地化策略相结合，跨国企业不仅能够提升产品的市场竞争力，也能够加深与当地市场的情感纽带，为企业的可持续发展奠定坚实基础。这种综合性的市场适应策略，是企业走向全球化、实现长期成功的关键。

第二节　企业成长所需的营商环境支持

一、政策与法规环境

（一）政策扶持体系

1. 税收优惠

针对企业不同阶段和类型的税收减免措施，在政策扶持体系中占据了举足轻重的地位。税收优惠作为一种宏观调控手段，其影响力深远且广泛。它不仅能有效降低企业的经营成本，也能在实质上推动企业进行更多的创新尝试和发展探索。特别是在企业初创的脆弱期，政府的税收减免政策如同一场及时雨，为资金紧张的企业提供了宝贵的缓冲期。这样的措施使得初创企业能够将有限的资金投入产品研发和市场开拓中，从而增强其市场竞争力。对于高新技术企业而言，特殊的所得税优惠政策更是如虎添翼。这种政策不仅减轻了企业的税负，而且点燃了企业研发团队的热情，为科技创新注入了强大的动力。高新技术企业更加专注于技术研发，不断推动科技进步，为社会带来更多的创新产品和技术。此外，研发投入的加计扣除政策，也是政府鼓励企业加大科研投入的一个重要举措。企业在进行研发投入时，能够享受到更多的税收优惠，这为企业进行科技研发提供了强大的动力。

2. 财政补贴与资金支持

政府提供的各类补贴及专项资金支持，是企业发展的动力。这些补贴和资金支持不仅是对企业经济层面的实质性帮助，也体现了政府对企业成长的深切关怀与坚定支持。创业补贴如同一场甘霖，及时降临在初创企业最需要的时刻，为其提供了宝贵的启动资金。这笔资金对于初创企业而言，能够助其平稳度过初创期的种种困难与挑战。技术创新资金支持像是一剂强心针，专门针对那些有志于在科技研发上取得突破的企业。有了这笔资金，企业可以放心大胆地投入科技研发中去，不断推动技术革新，带动整个产业的升级换代。而产业升级与转型资金支持，是政府高瞻远瞩的决策体现。它旨在引导企业紧跟市场脉搏，顺应时代潮流，及时进行产业升级与转型，以实现更长远和可持续发展。这样的资金支持，不仅助力企业稳健前行，也为整个行业的繁荣与进步打下了坚实的基础。

3. 产业政策引导

政府发布的产业发展规划和指导政策，在企业成长的道路上有着至关重要的作用。这些政策不仅细化了国家鼓励发展的具体产业，还明确了优先支持的项目类型，使得企业在制定自身发展战略时有了更明确的方向。政策中对产业发展的区域布局规划为企业提供了宝贵的参考意见，让企业能够根据自身情况，合理选择发展区域，优化资源配置。在这样的政策引导下，企业变得更加有信心和决心去面对复杂多变的市场环境。这为整个产业的健康、有序发展奠定了坚实的基础，推动了行业的持续繁荣与进步。

（二）法规制度保障

1. 企业法律法规完善

确保企业运营的合法性和规范性，是法规制度保障的核心。一个完善的企业法律法规体系，为企业提供了清晰明确的经营准则和行为规范。这些精心设计的法规，不仅为企业筑起了一道保护屏障，捍卫了其合法权益，也为企业内部管理提供了有力的法律支撑。无论是员工权益的保障，还是商业机密的维护，都有了明确的法律依据。在企业与外部的交易中，这些法规也起到了规范作用，确保了交易的公平性和合法性。通过严格遵守这些法律法规，企业不仅能够维护自身的合法权益，也能在激烈的市场竞争中树立良好的企业形象。这种对法律的尊重和遵守，传递出企业对诚信和道德的坚守，进而赢得消费者和合作伙伴的信任与尊重。在这样的基础上，企业的市场竞争力得到显著提升，商业行为的合法性和道德性也得到了有力保障。

2. 知识产权保护

知识产权保护在当今这个知识经济时代是激发企业创新活力不可或缺的保障。通过加强知识产权的申请、审查及保护工作，为创新者筑起了一道坚固的法律屏障，有力地维护了他们的合法权益，防止了知识产权被恶意侵犯。这一举措不仅鼓励了企业加大研发投入，推动科技创新的步伐，也营造了一个尊重知识、保护创新的良好环境。在这样的环境下，企业和个人都愿意将资源和精力投入创新活动中，因为他们的努力成果将得到应有的认可和保障。他们不再担心自己的研发成果被轻易窃取或模仿，而是更加积极地展示和分享自己的科技创新。这种正向的循环不仅促进了企业间的技术交流与合作，而且推动了整个行业的科技进步和产业升级，为社会经济的持续发展注入了强大的动力。

3. 贸易与投资法规

促进国际贸易与投资的法规环境，对于志在走向国际的企业而言，其重要性不言而喻。一个健全、完善的贸易与投资法规体系，如同稳固的基石，能够为企业营造出公平、透明、可预期的国际贸易环境。在这样的环境下，企业无须过分担忧因不熟悉他国法律环境而带来的潜在风险，从而更加专注于业务拓展和市场开发。这些精心设计的法规，不仅对企业的进出口行为进行了详尽的规范，确保企业在跨境交易中能够有法可依、有章可循，还为企业对外投资提供了坚实的法律保障。无论是海外市场的调研，还是合作伙伴的选择，亦或是投资项目的落地实施，企业均能在明确的法律框架内进行操作，大大降低了跨境交易的法律风险。得益于这样优越的法规环境，企业才能够怀揣信心，积极地参与到国际竞争与合作中去。

4. 消费者权益保护

维护市场秩序，切实保障消费者权益，是法规制度不可或缺的一环。为了实现这一目标，政府积极制定并实施消费者权益保护法等相关法规，旨在营造一个公平、公正的市场环境。通过这些法规的严格执行，不法商家的违法行为得到了有效打击，从而有力地保护了消费者的合法权益，让消费者在购物时能够安心、放心。这一举措不仅提升了消费者对市场的信心，使他们更加愿意参与市场交易，还促进了企业的诚信经营。在法规的约束和引导下，企业不得不规范自身行为，摒弃不正当的竞争手段，转而专注于提升产品质量和服务质量。长此以往，这样的法规保障有助于形成一个良好的市场竞争环境，让优质的企业和产品脱颖而出。同时，企业也意识到，只有不断提升自身的产品和服务质量，才能在激烈的市场竞争中站稳脚跟，赢得消费者的青睐。因此，在这样的法规背景下，企业更加注重品牌形象的建设，努力提高市场竞争力，以期在市场中占据一席之地。

二、金融与资本市场支持

（一）金融支持政策

1. 信贷优惠政策

信贷优惠政策是政府为了支持企业发展而实施的一项重要金融措施。这一政策主要通过与金融机构的紧密合作，为企业提供低息或无息贷款，从而有效降低企业的融资成本。特别是对于那些处于初创期或成长期的企业，资金往往是最大的瓶颈，信贷优惠政策的实施为其提供了及时雨。此外，政府还针对特定行业或创新型企业制定了专门的信贷支持计划，旨在鼓励这些企业在技术研发和市场拓展上投入更多的资源。通过这种方式，政府不仅帮助企业解决了资金问题，还间接促进了产业升级和科技创新。

2. 担保与保险机制

担保与保险机制是金融支持政策中的一个重要环节。一些企业，尤其是中小企业，由于缺乏足够的抵押物或信用记录而难以获得贷款，政府设立的担保基金在此时发挥了关键作用。这些基金为企业提供贷款担保，有效增强了企业的融资能力。政府还大力发展保险业务，为企业提供各种风险保障。担保与保险机制不仅降低了企业的经营风险，还提高了金融机构对企业的信心，从而为其提供贷款支持。总体来说，担保与保险机制为企业创造了一个更加稳定、安全的融资环境。

（二）资本市场支持措施

1. 股票市场

股票市场作为企业融资的重要渠道，发挥着十分重要的作用。首先，股票市场允许符合条件的企业通过首次公开发行（IPO）筹集资金，这不仅为企业带来了大量的资本，还提高了企业的知名度和市场价值。例如，近年来多家科技企业在股票市场成功上市，筹集了数十亿元的资金，为其后续的研发和市场拓展提供了强有力的支持。其次，股票市场为企业提供了多元化的融资方式，如定向增发、可转债等，这些方式灵活多样，能够满足企业在不同发展阶段对资金的需求。股票市场还有助于企业完善内部治理结构，提高管理水平和运营效率。最后，通过股票市场的交易活动，可以反映企业的市场价值和投资者预期，为投资者提供决策参考，也为企业提供了更广阔的发展空间和机遇。

2. 债券市场

债券市场是另一个重要的资本市场支持措施。首先，债券市场允许企业通过发行债券来筹集长期稳定的资金，这为企业提供了低成本的融资方式。与股票融资相比，债券融资具有不影响企业控制权、利息税前支付等优点。其次，债券市场的发展有助于完善金融市场体系，优化金融资源配置。不同类型、不同期限的债券可以满足不同投资者的需求，进一步拓宽了企业的融资渠道。最后，政府通过不断完善债券市场的法规制度、加强市场监管等措施，为债券市场的发展提供了良好的环境和保障。这些举措不仅保护了投资者的利益，还促进了债券市场的健康发展。

（三）创新金融服务模式

1. 金融科技应用

金融科技应用正在深刻改变着金融服务行业的面貌。借助大数据、人工智能等先进技术，金融机构能够更精确地评估风险，为客户提供个性化的金融产品和服务。例如，通过分析客户的消费习惯、信用记录等数据，金融机构可以为客户推荐最合适的贷款、投资或保险产品。此外，金融科技极大地提升了金融服务的便捷性。线上金融服务平台让客户随时随地都能办理业务，无须前往实体网点。智能语音应答、自动化流程等技术的引入，也大幅提高了服务效率。综上所述，金融科技应用不仅优化了客户体验，还增强了金融机构的竞争力。

2. 供应链金融服务

供应链金融服务是一种创新的金融服务模式，它专注于解决产业链上下游企业的融资问题。在这种模式下，金融机构与核心企业紧密合作，为供应链上的各个环节提供资金支持。这种服务不仅缓解了中小企业的资金压力，还促进了整个供应链的流畅运转。例如，在制造业中，原材料供应商、生产商、分销商等各个环节都可能面临资金短缺的问题。通过供应链金融服务，这些企业可以获得及时的融资支持，从而确保生产和供应链的稳定性。供应链金融服务还有助于降低整个供应链的成本和风险，提高整体效率。

通过优化资金流和信息流，供应链金融服务正在成为推动产业发展的重要力量。

三、人才发展环境

（一）人才培养与引进

1. 教育资源优化

随着科技的快速发展和全球化的深入推进，优化教育资源显得尤为重要。通过加大高等教育投入，可以更新教学设备，提升师资力量，从而为学生提供更优质的学习环境。引进国内外优质教育资源，与当地高校和职业培训机构进行合作，不仅可以拓宽学生的知识视野，还能提升教育的国际化水平。这种优化不仅有助于培养更多具备国际竞争力的人才，还能为地方经济发展提供有力的人才支撑。

2. 高端人才引进

为了吸引海内外高层次人才，需要设立专门的人才引进计划，明确引进人才的标准和待遇，提供具有吸引力的优惠政策和生活配套服务。这些政策和服务可以包括住房补贴、子女教育、医疗保障等，以解决高端人才的后顾之忧。通过引进高端人才，不仅可以带来先进的科技知识和管理经验，还能促进当地人才队伍的建设和提升，从而推动地区的科技创新和产业发展。高端人才的引进也能激发本地人才的创新活力和竞争意识，形成良性的人才生态。

（二）人才激励与评价

1. 创新激励机制

在当今竞争激烈的市场环境中，传统的薪酬体系已无法满足人才的需求，因此必须探索和实施更加灵活多样的激励机制。设立人才奖励基金，对在工作中有杰出贡献的人才给予物质和精神上的双重奖励，这不仅是对其努力的认可，也能激励其他人才积极进取。实施股权激励、科技成果转化奖励等制度，使人才能够分享到企业成长的红利，进一步增强其归属感和使命感。通过这些创新的激励机制，可以吸引和留住更多的优秀人才，为企业的长远发展提供源源不断的动力。

2. 科学评价体系

传统的评价体系往往过于注重学历、资历等硬性指标，而忽视了人才的实际能力和贡献。因此，必须建立以能力和贡献为导向的科学评价体系，让真正有才华、有贡献的人才脱颖而出。推行职称制度改革，打破论资排辈的陈规，以实际工作业绩和创新能力作为晋升的主要依据。引入多元化的评价方式，包括同行评议、社会评价等，确保评价结果的客观性和公正性。通过科学评价体系，不仅可以激励人才不断提升自我，还能为组织选拔出真正优秀的人才，从而推动整体人才队伍的素质提升。

（三）人才服务与支持

1. 服务平台建设

为了提升人才服务的质量和效率，我们必须打造一个功能完善、便捷高效的"一站式"人才服务中心。该中心应提供政策咨询、职业规划、就业指导等全方位服务，以满足人才在不同职业发展阶段的需求。建立人才数据库是实现人才资源信息共享和高效配置的重要手段。通过数据库，可以更准确地了解人才的需求和动向，为企业提供精准的人才匹配服务，从而促进人才的合理流动和优化配置。这样的服务平台不仅能为人才提供便捷的服务体验，还能为地区的经济发展提供有力的人才保障。

2. 生活配套支持

优秀的人才在选择工作地点时，不仅会考虑职业发展机会，还会关注生活品质。因此，提供完善的生活配套支持十分重要。这包括建设人才公寓，以优惠的价格提供给人才居住，解决他们的住房问题；优化子女教育资源，确保子女能够接受高质量的教育；丰富文化娱乐活动，如建设图书馆、体育馆等设施，组织各类文化活动，以提升人才的生活品质。通过这些措施，可以让人才在享受优质生活的同时，更加专注于工作和创新，从而为地区的经济社会发展做出更大的贡献。

（四）创新创业氛围

1. 创新创业扶持

为了鼓励人才勇于探索新领域、新技术，政府和企业应共同设立创新创业基金，为初创企业和创新项目提供资金支持。这些资金可以用于产品研发、市场推广和人才招聘等方面，降低创业初期的经济压力。搭建创新创业平台也很重要。这类平台不仅提供技术转移和成果转化服务，还是一个集聚资源、交流经验的场所。通过这些扶持措施，创新创业者能够得到实质性的帮助，加速项目的成长和转化，从而形成一个充满活力和创造力的创新创业环境。

2. 交流合作机会

为了促进人才之间的交流与碰撞，应定期举办各类学术交流、技术研讨活动。这些活动可以汇聚来自不同领域、不同背景的人才，共同探讨前沿科技和行业趋势，激发新的思考和创意。此外，推动人才参与国际交流与合作项目也是关键环节。通过与国际接轨，人才可以接触到更广阔的视野和更先进的理念，从而提升自身的创新能力和竞争力。这种开放式的交流合作机会，不仅能够促进创新创业的蓬勃发展，还能为地区经济的增长注入新的活力。

四、市场环境与公平竞争

（一）市场环境概述

1. 市场环境的定义与特点

市场环境指的是围绕企业市场营销活动而形成的一系列外部条件和因素，包括政治、经济、社会、技术等多方面因素。这些因素不仅独立存在，而且相互影响，共同构成了一个复杂多变的市场环境。市场环境的特点主要表现为不确定性、复杂性、动态性和不可控性。市场环境的不确定性源于各种因素的时刻变化，如政策调整、经济状况波动等。复杂性则体现在市场环境包含众多相互关联的因素，这些因素共同作用于市场，使得市场环境难以简单预测。动态性指的是市场环境随着时间推移而不断变化，企业需要密切关注市场动态以适应这些变化。不可控性是因为市场环境中的一些因素，如自然灾害、国际政治事件等，是企业无法控制的。

2. 市场环境对企业的影响

市场环境对企业的影响深远而广泛。首先，市场环境的变化会直接影响企业的市场需求。例如，经济繁荣时期，消费者购买力增强，市场需求旺盛，企业有更多的机会扩大市场份额。相反，在经济衰退时期，市场需求萎缩，企业需要调整策略以应对挑战。其次，市场环境会影响企业的竞争格局。随着新竞争者的进入和现有竞争者的策略调整，企业需要重新评估自身在市场中的定位，以保持竞争优势。最后，政策法规的变化也可能对企业经营产生重大影响。例如，新的环保法规可能要求企业改进生产工艺，减少污染排放，这既可能带来成本压力，也可能为企业创造新的商业机会。因此，企业需要密切关注市场环境的变化，以便及时调整战略和业务模式，确保在激烈的市场竞争中立于不败之地。

（二）公平竞争的重要性

1. 公平竞争的定义

公平竞争是指在市场经济条件下，所有市场主体在同等条件下平等地参与市场竞争，并依据市场规则和秩序进行优胜劣汰的过程。这一过程中，竞争者之间享有平等的竞争条件、均等的竞争机会，并采用公正的竞争手段。它要求政府制定的经济政策对所有经济主体一视同仁，不出现歧视或偏袒，确保每个市场主体在同一起跑线上开展竞争。公平竞争是市场经济的基本原则，也是市场机制高效运行的重要基石。

2. 公平竞争的意义

公平竞争在市场经济中具有至关重要的意义。首先，它有助于调动市场主体的积极性，促使其不断提高自身竞争力，以便在激烈的市场竞争中脱颖而出。这种竞争带来的提升不仅有利于单个企业的发展，而且能推动整个行业乃至社会的进步。其次，公平竞争能够保障市场对资源的有效配置，实现优胜劣汰，使资源流向效率更高的企业和部门。这有助于提高市场整体的经济效率和创新能力。再次，公平竞争有助于维护市场秩序，减少不正当竞争和垄断行为，保护消费者权益。在公平竞争的环境下，消费者能够享受到更优质的产品和服务，从而提升社会福利水平。最后，公平竞争也是促进社会公平和正义的重要手段，它确保了每个市场主体都有平等的机会参与市场竞争，实现自身价值。

（三）市场环境与公平竞争的关系

1. 市场环境是公平竞争的基础

市场环境为公平竞争提供了必要的条件和基础。一个健全、透明的市场环境能够确保所有市场主体在相同的规则下开展经济活动，使得各种资源和机会得以公平分配。在这样的环境中，企业可以依据市场信号做出决策，而不用担心外部因素的干扰。市场环境的公开性和透明度，让每一个竞争者都能够清楚地了解市场动态，从而制定出合理的竞争策略。此外，市场环境还为公平竞争提供了法律和政策支持，通过制定反垄断法、反不正当竞争法等，进一步确保了市场竞争的公平性。因此，市场环境是公平竞争得以实现的基石。

2. 公平竞争是市场环境的保障

公平竞争不仅是市场环境所追求的目标，也是维护市场环境稳定和持续发展的关键因素。在公平竞争的环境下，市场主体通过不断创新和提升服务质量来争取市场份额，这种良性竞争有助于推动市场环境的优化和升级。公平竞争能够激发市场活力，促使企业不断改进技术、提高生产效率，从而为消费者提供更优质的产品和服务。公平竞争也有助于淘汰那些低效、落后的企业，进一步净化市场环境。因此，公平竞争是市场环境稳定和持续发展的重要保障，它确保了市场环境的健康、有序和高效。

第三节　企业内部管理与创新能力的提升

一、优化内部管理体系

（一）建立健全内部控制制度

1. 内部控制制度是保障企业资产安全的重要屏障

企业资产是企业运营的物质基础，其安全性直接关系到企业的生存和发展。建立健全内部控制制度，首要任务就是确保企业资产的安全与完整。这需要通过制定明确的资产管理规定，严格规范资产的采购、验收、使用、报废等各个环节，确保每一项资产流动都经过严格的审核与把关。建立资产盘点制度，定期对资产进行全面清查，及时发现并处理资产流失、损坏等问题。这样不仅能够防止资产被盗用、滥用或非法侵占，还能确保资产得到最大化的合理利用，为企业的长期发展提供有力保障。

2. 内部控制制度是确保财务数据真实性的关键

财务数据是企业运营状况的真实反映，也是企业决策的重要依据。因此，确保财务数据的真实性至关重要。通过建立健全内部控制制度，可以规范企业的财务核算流程，明确财务数据的采集、记录、报告等各个环节的职责和权限，防止财务数据被篡改或误报。建立严格的内部审计制度，定期对财务数据进行审查和核实，确保其真实性和准确性。这样不仅能够为企业管理层提供准确、及时的财务信息，帮助企业做出科学决策，还能增强企业的透明度和公信力，提升企业的市场竞争力。

3. 内部控制制度是提升企业运营效率和管理水平的有效途径

随着企业规模的不断扩大和业务领域的不断拓展，管理难度也随之增加。建立健全内部控制制度，可以帮助企业实现规范化、流程化管理，提高工作效率和管理水平。通过明确各部门、各岗位的职责和权限，建立合理的工作流程和审批程序，可以减少工作中的混乱和冲突，提高工作效率。内部控制制度还可以帮助企业及时发现并纠正运营过程中的问题和偏差，确保企业始终沿着既定的战略目标前进。这样不仅能够提升企业的整体运营效率，还能增强企业的风险抵御能力，为企业的可持续发展奠定坚实基础。

此外，建立健全内部控制制度还需要注重以下几个方面：一是要结合企业的实际情况和发展战略来制定内控制度，确保其具有针对性和可操作性；二是要加强内控制度的宣传和培训力度，提高全员对内部控制制度的认识和重视程度；三是要建立有效的监督机制，确保内部控制制度的执行和落实情况得到及时监督和反馈。通过这些措施的实施，可以进一步完善企业的内部控制体系，提升企业的整体管理水平和市场竞争力。

（二）提升组织结构与流程的灵活性

在日新月异的市场环境中，企业的组织结构和流程灵活性对于其长远发展具有决定性的影响。随着科技的飞速进步和全球化的不断深入，企业所面临的商业环境愈发复杂多变。为了能够在这样的环境中立足并持续壮大，企业必须不断提升自身的适应能力和应变能力，而组织结构与流程的灵活性正是实现这一目标的关键。

1. 审视并优化传统组织结构

传统的层级式组织结构曾在企业管理中占据主导地位，其严谨的层级划分和明确的职责分工在一定程度上确保了企业的稳定运营。然而，这种结构的弊端也日益显现：层级繁多导致决策链过长，信息传递效率低下，企业难以快速响应市场变化。因此，对传统组织结构进行审视和优化成为提升灵活性的首要任务。具体而言，企业应减少不必要的层级，缩短决策链，提高决策效率。通过引入跨部门协作机制，打破部门壁垒，促进信息在不同部门间的流通与共享。这样不仅能够使企业敏锐地捕捉市场动态，还能增强团队的协同作战能力，提升整体运营效率。

2. 构建扁平化、网络化的组织结构

为了进一步提升灵活性，企业应致力于构建一个扁平化、网络化的组织结构。这种组织结构以项目团队或工作小组为基本单元，每个单元都具备高

度的自主权和决策权，能够根据市场需求迅速调整工作方向和策略。扁平化的组织结构有助于减少中间环节，加快信息传递速度，使企业迅速地感知并响应市场的变化。这种组织结构能激发员工的创造力和自主性，因为员工在面对市场变化时能够直接参与决策过程，而无须等待上级的层层审批。网络化则意味着企业内部各部门之间，以及企业与外部合作伙伴之间建立起紧密的联系网络。这种网络化的连接方式有助于实现资源的共享和优化配置，提高企业的整体运营效率和市场竞争力。

3. 简化并优化业务流程

除了组织结构的调整外，简化并优化业务流程也是提升灵活性的重要手段。烦琐复杂的流程不仅会降低工作效率、增加运营成本，还可能阻碍企业的创新发展。因此，企业需要对现有业务流程进行全面梳理和分析，找出其中的瓶颈和浪费环节，并进行有针对性的改进。具体而言，企业可以通过引入先进的流程管理工具和技术手段来简化业务流程、提高工作效率；还可以通过建立客户反馈机制来及时了解客户需求和市场变化，以便对业务流程进行持续优化和改进。这些举措不仅有助于提升企业的运营效率和服务质量，还能增强企业的市场竞争力和客户满意度。

4. 培养组织文化与灵活性思维

提升组织结构与流程的灵活性不仅是技术和制度层面的问题，也需要从文化和思维层面进行转变。企业应积极营造一种开放、包容、创新的组织文化氛围，鼓励员工勇于尝试新事物、接受新观念、拥抱变革。企业还应注重培养员工的灵活性思维，使他们能够在面对市场变化时迅速调整心态和策略，以积极应对各种挑战和机遇。为了实现这一目标，企业可以定期开展员工培训和教育活动，提高员工的综合素质和创新能力；还可以通过建立激励机制来鼓励员工积极参与企业的变革和发展过程。这些举措将有助于激发员工的创造力和自主性，为企业的长远发展注入源源不断的动力。

（三）强化人力资源管理与激励机制

1. 构建完善的人力资源管理体系

一个完善的人力资源管理体系是企业提升员工整体素养和工作效能的基

础。这一体系应全面覆盖员工的招聘选拔、专业培训、绩效评估等环节，确保人力资源管理的各个环节能够紧密衔接，形成一个系统、高效的管理闭环。在招聘选拔环节，企业应注重选拔那些与企业文化契合、具备发展潜力和专业能力的优秀人才。通过设定明确的招聘标准和选拔流程，确保每一位新员工能够迅速融入团队，并为企业带来新的活力和创新思维。专业培训是提升员工专业技能和综合素质的重要途径。企业应根据员工的岗位需求和职业发展目标，制订个性化的培训计划，帮助员工不断提升自身能力，更好地适应岗位要求和企业发展需求。绩效评估是人力资源管理中的关键环节。企业应建立公平、透明的绩效评价机制，确保员工的付出与回报相匹配。通过定期的绩效评估，及时发现员工的优点和不足，为他们提供有针对性的指导和帮助，激励他们不断进步。

2. 设计科学合理的激励机制

一个科学合理的激励机制能够点燃员工的工作激情，让他们在追求个人职业发展的同时，为企业的发展贡献力量。薪酬福利是激励机制的重要组成部分。企业应提供具有市场竞争力的薪酬福利，让员工感受到自己的价值得到了应有的回报。这不仅能够增强员工的归属感，还能吸引更多的优秀人才加入企业。

除了薪酬福利外，企业还应为员工规划清晰的职业发展路径。通过设定明确的晋升通道和晋升标准，让员工看到自己在企业中的未来，从而更加努力地追求职业成长。这种长期的职业规划和发展机会，能够激发员工的内在动力，促使他们不断提升自己，为企业创造更大的价值。

3. 创新激励机制，实施员工持股计划

员工持股计划是一种有效的长期激励手段，它能够让员工成为企业的"主人"，与企业共享成长的红利。通过实施员工持股计划，员工将更加投入地为企业的发展贡献力量。这种激励机制有助于增强员工的责任感和使命感，让他们关注企业的长远利益。在实施员工持股计划时，企业应确保计划的公平性和透明度。明确持股的条件、份额分配及退出机制等关键要素，让员工对自己的权益有清晰的了解。企业还应加强与员工的沟通与交流，及时解答

他们的疑虑和问题，确保员工持股计划能够真正发挥激励作用。

二、营造创新文化氛围

（一）倡导开放、包容的创新理念

1. 开放、包容理念对创新文化的推动作用

开放与包容是创新文化的基石。在传统企业文化中，往往存在着对失败的恐惧和对新思路的排斥，这在一定程度上抑制了员工的创新意识和积极性。而倡导开放、包容的创新理念，就是要打破这种束缚，鼓励员工勇于尝试、敢于创新。这种理念向员工传递了一个明确的信息：创新是值得鼓励的，失败并不可怕，重要的是从失败中汲取经验，不断前行。企业建立一种宽松、自由的工作环境，让员工能够在没有过多压力的情况下，充分发挥自己的想象力和创造力。企业还应该通过各种渠道宣传创新文化，让员工深刻理解创新对于企业发展的重要性，并激发他们参与创新的热情。

2. 每个员工都是创新的主体

在开放、包容的创新理念下，每个员工被视为创新的主体。创新不再是科研人员或企业高层的专属，而是每个员工都能参与并发挥作用的过程。企业应当鼓励员工从自身岗位出发，发现问题、提出问题，并尝试用新的方法和技术去解决问题。企业还应该为员工提供必要的培训和支持，帮助他们提升创新能力，实现个人价值。员工的独特视角和思考方式是企业宝贵的创新资源。通过集思广益、群策群力，企业汇聚更多的智慧，从而推动创新活动的深入开展。这种全员参与的创新模式，不仅能够提升企业的创新能力和市场竞争力，还能够增强员工的归属感和责任感，促进企业的和谐发展。

3. 宽容失败，鼓励再次尝试

在创新过程中，失败是不可避免的。在开放、包容的创新理念下，失败并不被视为耻辱或惩罚的依据，而是被看作学习和成长的机会。企业应当对员工在创新过程中遭遇的挫折和失败给予充分理解和支持，鼓励他们从中汲取经验教训，勇敢地再次尝试。企业还应该为员工提供必要的心理辅导和职

业培训，帮助他们走出失败的阴影，重拾信心并投入新一轮的创新实践中去。这种宽容和鼓励的态度不仅能够激发员工的创造力和激情，还能够培养他们的抗挫能力和团队协作精神，为企业的长远发展奠定坚实的基础。

4. 创新文化的持续建设与优化

倡导开放、包容的创新理念是一个持续的过程，需要企业在实践中不断探索和完善。为了实现创新文化的持续建设与优化，企业需要定期开展创新文化的评估和反思工作，及时发现问题并采取相应的改进措施。企业还应该加强与外部环境的交流与合作，积极引进先进的创新理念和技术手段，为自身的创新发展注入新的活力和动力。此外，企业还应该注重培养员工的创新意识和能力，通过举办各种创新活动、设立创新奖励等方式激发员工的创新热情。这些举措不仅提升了企业的创新能力和市场竞争力，还为员工提供了更多的发展机会和空间，进而实现企业与员工的共同发展。

（二）建立多元化、跨部门的创新团队

1. 汇聚多元智慧，激发创新火花

多元化、跨部门的创新团队能够汇聚来自不同部门和具有多样背景的员工。这些员工独特的视角和丰富的经验，在相互碰撞、交流中，常常能激发出意想不到的创新火花。在这种环境中，每个成员都能发挥自己的专业特长，也能从其他成员那里汲取新的知识和灵感，这种互补性的合作模式，极大地提高了团队的整体创新能力。例如，在产品研发过程中，工程师、设计师和市场营销人员可以共同参与。工程师提供技术可行性建议，设计师注重用户体验和美观，市场营销人员则关注市场需求和定位。通过集思广益，团队能够开发出既具创新性，又符合市场需求的产品。

2. 打破组织条块，实现资源共享

传统的组织结构存在着部门之间的条块分割，导致资源难以共享，信息流通不畅。而多元化、跨部门的创新团队则能够打破这种束缚，使得企业内部资源得到更加有效的共享和利用。这不仅提高了资源的利用效率，还加强了部门之间的沟通与协作。在跨部门团队的合作过程中，成员们可以共同使

用企业的各种资源，如设备、技术、资金等。此外，他们还可以共享彼此的知识和经验，从而提升整个团队的综合素质和创新能力。这种资源共享和紧密协作的模式，使得企业在面对复杂多变的市场环境时，能够更加迅速和准确地做出反应。

3. 市场需求导向，增强企业竞争力

多元化、跨部门的创新团队以市场需求为导向，通过紧密协作深入了解市场的真实需求，从而开发出更加符合消费者期望、更具创新性和实用性的产品或服务。这种以市场需求为导向的创新方式，不仅能够增强企业的市场竞争力，提升品牌形象，还能够为企业带来更可观的经济效益。例如，通过跨部门团队的共同努力，企业可以及时发现并抓住市场的新趋势和消费者需求的变化，迅速调整产品策略，以满足不断变化的市场需求。

此外，多元化、跨部门的创新团队还能够促进企业文化的交流与融合，增强员工的归属感和凝聚力。在团队合作的过程中，员工们可以相互学习、共同进步，形成良好的团队合作氛围。这种积极向上的企业文化，将进一步激发员工的创新意识和工作热情，推动企业的持续发展。

（三）鼓励员工提出创新想法与建议

1. 员工的独特视角与市场洞察力

员工作为企业运营的直接参与者，他们的工作经验和市场接触使其具备了独特的视角和敏锐的市场洞察力。每天与客户打交道，员工能够第一时间感知市场的微妙变化和客户的真实需求。这种身临其境的经验使他们能够提出更加贴近市场和客户需求的创新建议。因此，充分利用员工的智慧和经验，对于企业的创新发展至关重要。为了实现这一目标，企业应该建立一种机制，鼓励员工主动分享他们的观察和思考。例如，可以定期举办员工创新建议征集活动，或者设立员工创新奖励，以激励员工积极参与创新过程。企业还应该为员工提供必要的培训和支持，提升他们的创新思维和问题解决能力，从而更好地为企业创新发展贡献力量。

2. 构建开放、透明的沟通平台

要确保员工的创新想法与建议得到有效传递和考虑，企业必须构建一个开放、透明的沟通平台。这样的平台可以确保每个员工的声音被听到，每个创新的点子得到认真的评估。通过打破部门壁垒，促进员工之间的交流与合作，企业能够更全面地收集和利用员工的创新智慧。在构建沟通平台的过程中，企业应该注重平台的易用性和互动性。例如，可以利用现代信息技术手段，如企业内部社交媒体或在线协作工具，来促进员工之间的实时交流和协作。企业还应该定期举办线下交流活动，如创新研讨会或经验分享会，让员工有机会面对面地交流想法和经验，从而碰撞出更多的创新火花。

3. 创新想法的转化与支持

鼓励员工提出创新想法与建议的最终目的，是将这些想法转化为实际的项目或产品，从而推动企业的创新发展。因此，对于那些真正有价值、有潜力的创新点子，企业应该给予及时的肯定、支持和资源投入，帮助员工将想法转化为现实。

在创新想法的转化过程中，企业应该建立完善的项目管理机制，确保项目的顺利实施和推进。企业应该为员工提供必要的培训和技术支持，帮助他们克服项目实施过程中可能遇到的困难和挑战。此外，企业还应该建立一种正向的反馈机制，让员工看到自己的建议真正落地并产生实际效果。这种反馈不仅能够增强员工的成就感和归属感，还能够激发他们持续创新的动力。当员工看到自己的创新想法得到了企业的认可和支持，并转化为实际的项目或产品时，他们会更加愿意为企业的发展贡献自己的力量。

三、加强技术研发与创新能力

（一）加大研发投入，推动技术创新

在如今这个日新月异的时代，市场竞争愈发激烈，技术研发已然成为企业稳固市场地位、保持行业领先不可或缺的环节。为了在这场没有硝烟的战争中脱颖而出，企业深刻认识到，单纯依赖传统的生产和销售模式已无法满

足现代市场的多变需求。因此,加大产品研发投入势在必行。这种投入并非仅限于资金的增加,更重要的是在人力资源和时间上的精心策划与合理分配。资金固然重要,但若无合适的人才去执行研发任务,或是不给予足够的时间让团队进行深入研究和创新,那么再多的资金投入也只是徒劳。为此,企业需设立专门的研发团队,这支团队将紧密关注市场需求和行业动态,以此为导向持续进行技术攻关和创新实践。这意味着,团队成员不仅要具备扎实的专业知识,还需拥有敏锐的市场触觉,能够及时调整研发方向,确保所开发的技术或产品与市场趋势紧密相连。除此之外,建立一个科学的研发管理体系也是确保研发活动有效性的关键。这一体系能够监控研发进度,评估研发成果,及时调整研发策略,并确保团队之间的沟通与协作畅通无阻。通过这样的管理体系,企业可以更加高效地利用研发资源,减少不必要的浪费,从而确保每一次的研发活动都能取得实效。

(二)搭建产学研合作平台,促进科技成果转化

1. 紧跟科技前沿,洞察技术发展趋势

与高校和科研机构的紧密合作,使企业能够第一时间掌握各个领域的最新科研成果和技术动态。这种信息的及时获取,对企业而言意味着能够更快地洞察到未来技术发展的趋势,从而做出更明智的决策。在科技飞速发展的时代,谁能够率先掌握新技术、新趋势,谁就能在激烈的市场竞争中占据先机。因此,产学研合作不仅提升了企业的技术实力,也增强了其市场敏锐度和应变能力。例如,通过与高校合作,企业可以了解到哪些新技术正在研发中,哪些技术已经成熟并可以应用于实际生产中。这样,企业就可以根据市场需求和技术发展趋势,及时调整自身的产品研发和生产策略,以满足消费者的需求并保持竞争优势。

2. 学术与产业深度融合,加速科技成果转化

产学研合作不仅为企业提供了获取最新科研成果的途径,而且促进了学术界的丰富理论知识与产业界的实际需求的紧密结合。在这种合作模式下,科研成果不再只是停留在纸面上的理论,而是能够迅速转化为具有市场竞争

力的产品或服务。这种转化过程不仅缩短了从科研到市场的周期，还大大提高了科技成果的商业价值和社会影响力。具体来说，企业可以通过与高校和科研机构合作，共同开展研发项目，将学术界的创新理念和先进技术应用到实际产品中。这种合作模式不仅有助于提升企业的产品质量和技术水平，还能推动整个行业的技术进步和创新能力的提升。企业还可以利用高校和科研机构的丰富人才资源，加强自身的研发团队建设，提高企业的核心竞争力。

3. 引发行业积极反应，推动社会整体发展

产学研合作所带来的积极影响并不仅限于单个企业或机构，它还能在整个行业内引发一连串的积极反应。当一家企业通过产学研合作实现了技术创新和成果转化时，这种成功的案例往往会激励其他企业也加入产学研合作的行列中。这种良性的竞争和合作氛围不仅有助于提升整个行业的技术水平，还能推动相关产业链的发展和完善。从长远来看，产学研合作对于社会的整体发展有着不可估量的正面影响。它促进了科技与经济的深度融合，为社会的持续繁荣和进步注入了强大的动力。当科技成果能够迅速转化为实际生产力时，它将极大地推动社会经济的发展和人民生活水平的提高。产学研合作有助于培养更多的创新型人才和技术骨干，为国家的科技进步和产业升级提供有力的人才保障。

（三）培养与引进高端技术人才

技术的核心是人才，他们是推动企业技术创新和研发能力的关键因素。因此，企业若想在激烈的市场竞争中保持领先，就必须深刻认识到高端技术人才的重要性，并致力于人才的培养和引进。对于企业内部现有的技术团队，持续的培训与教育至关重要。通过定期的内部培训，可以确保团队成员不断更新自己的知识体系，跟上技术发展的步伐。此外，学术交流也是一个不可忽视的因素，它不仅能让团队成员了解到行业内的最新动态和前沿技术，还能激发他们的创新思维，提升整个团队的创新能力。然而，仅仅依靠内部培养是不够的。为了给企业的技术研发注入更多的活力和创新思维，积极招聘具有丰富经验和专业技能的高端人才尤为重要。这些人才的加入，不仅能带

来新的技术视角和解决方案，还能促进企业内部的技术交流与碰撞，从而推动技术研发的不断进步。当然，吸引和留住这些高端技术人才并非易事。企业需要建立完善的激励机制，为他们提供具有竞争力的薪资待遇，以及广阔的职业发展空间和晋升机会。只有这样，才能让这些技术人才真正安心于企业，充分发挥他们的才能和潜力，为企业的技术创新和研发贡献自己的力量。

四、构建创新激励机制

（一）设立创新奖励制度，激发员工创新热情

为了充分激发员工的创新热情，企业必须深思熟虑并设立明确的创新奖励制度。这样的制度旨在认可并嘉奖那些在创新过程中表现出色的员工，以此鼓励更多的创新思维和实践。创新奖励制度可以设计得多样化且具有针对性，例如，设立年度创新奖，用以表彰在过去一年中做出杰出创新贡献的员工。最佳创新提案奖也是一个很好的选择，它可以鼓励员工积极提出新的想法和解决方案。值得一提的是，奖励并不仅限于传统的物质奖励，如奖金或礼品。非物质奖励同样具有强大的激励作用，甚至在某些情况下，其效果可能更为显著。例如，为优秀员工提供晋升机会，这不仅是对他们过去工作的肯定，也是对他们未来潜力的认可。此外，特别休假也是一种非常实用的非物质奖励，它能让员工在繁忙的工作之余得到应有的休息和放松，从而以饱满的精神状态投入后续的创新工作中。通过这种方式，企业能够清晰、明确地向全体员工传达出对创新的极高重视和大力鼓励。当员工看到自己的创新努力得到了实实在在的回报，他们自然会更加积极地投入创新活动中。这种正向的激励机制将在企业内部形成一种良性的创新氛围，推动企业不断创新发展。

（二）提供创新培训与学习机会，提升员工创新能力

在快速变化的市场环境中，企业要想保持竞争力并实现持续发展，持续学习和创新很重要。为了适应这种不断变化的环境，企业必须重视员工的学习与成长，为他们提供创新培训与学习机会。企业可以组织内部研讨会，让

员工分享各自的工作经验和创新思维，促进团队之间的交流与合作。邀请外部专家进行讲座也是一个不错的选择，他们可以为员工带来前沿的行业知识和实践经验，激发员工的创新思维。此外，随着技术的发展，在线课程也成了一种便捷、高效的学习方式，员工可以根据自己的时间和需求进行学习，不断提升自己。通过多样化的培训和学习方式，员工不仅能够拓宽自己的视野，了解更多的行业动态和趋势，还能够增强创新意识，提高解决问题的能力。更为重要的是，当员工个体能力得到提升时，企业的整体创新能力也会随之增强。这种能力的提升不仅有助于企业应对当前的市场挑战，也为企业的长远发展奠定了坚实的基础。

（三）实施股权激励计划，吸引和留住创新人才

为了吸引和留住创新人才，企业可以积极考虑实施股权激励计划，这是一种富有远见且效果显著的策略。通过授予员工股权或股票期权，企业实质上是邀请他们成为公司的"合伙人"，共同参与并见证公司的成长与发展。当员工持有公司的股权时，他们的个人利益便与公司的整体业绩紧密相连，从而更加投入地为公司的发展出谋划策。这种长期的激励机制不仅让员工分享到公司成长的收益，还极大地增强了他们的归属感和忠诚度。让员工意识到，他们的每一份努力都直接关系到自己的切身利益，因此更有可能发挥出最大的潜能，为公司的长远发展贡献自己的智慧和力量。此外，股权激励计划还具有吸引外部优秀人才加入的显著效果。在人才市场竞争日益激烈的今天，一个具有吸引力的股权激励计划往往能成为企业招揽顶尖人才的有力武器。当外部人才看到企业愿意通过股权分享的方式认可并奖励员工的贡献时，他们会更倾向于选择加入这样的企业，因为这意味着他们的努力和才华将得到应有的回报。

五、完善创新风险管理

（一）建立创新风险评估与预警机制

1. 设立风险评估小组

设立风险评估小组是创新风险管理的基础且关键的一步。这个小组的成

员构成也需经过精心挑选。为了确保风险评估的全面性和客观性，小组成员应来自企业内的不同部门，他们必须具有深厚的专业知识和丰富的实践经验。这样的多元化构成，使得小组能够从多个角度、多个层面去审视创新项目，进而发现可能被忽视的风险点。小组的主要工作不仅是定期召开会议，而且是在会议中深入研究和探讨创新项目的方方面面。他们需要考虑技术实施的可行性，预测市场需求的变化，分析竞争对手的态势，甚至还需要对相关的法律法规进行解读，确保项目在合法合规的前提下进行。每一个细节，每一个可能的风险点，都不会被放过。通过集思广益和深入研讨，小组能够整理出一份详尽且准确的风险评估报告。这份报告不仅列出了所有可能的风险，还提供了相应的应对策略和建议，为企业的决策层提供了宝贵的参考。

2. 构建风险评估模型

为了构建一个精准的风险评估模型，必须综合运用多种科学方法，包括深入的数据分析、广泛的市场调研及权威的专家咨询。这一模型的核心是将创新项目中涉及的众多风险因素进行量化处理，从而转化为具体的风险指数，使得风险大小一目了然。在构建模型的过程中，每一个创新项目的独特性都不容忽视。技术难度、市场前景的广阔程度、竞争格局的激烈与否等，都是必须深入考虑的因素。这些因素不仅影响项目的成功与否，也直接关系到风险评估的准确性。只有充分考虑了这些独特性，模型才能更贴近实际，评估结果才能更具客观性和准确性。借助这一风险评估模型，企业不仅可以直观地了解到创新项目的整体风险水平，也能为制定针对性的风险应对策略提供坚实的科学依据。这大大提高了企业对创新项目风险的把控能力，为项目的成功实施提供了有力保障。

3. 建立风险预警系统

建立风险预警系统是及时发现并应对潜在风险的重要保障。这一系统需要紧密结合风险评估模型及丰富的历史数据，通过深入分析这些数据，可以设定出合理的风险阈值。这些阈值就像是一道道警戒线，一旦创新项目的某项风险指标触碰或超过这些警戒线，预警系统就会立刻启动报警机制。这种报警机制的设计非常关键，它能够确保相关信息在第一时间传达给负责处理风险的相关人员。这样的即时反馈机制，使得企业在风险刚刚露出苗头时就能迅速做出反应，避免风险进一步扩散或恶化。通过迅速采取有效的应对措施，企业可以最大限度地减轻风险对创新项目可能带来的负面影响。风险预警系统的建立，不仅提升了企业对创新项目风险的实时监控能力，还在企业的稳健发展中起到了不可或缺的保障作用。在这个快速变化且充满不确定性的市场环境中，一个高效的风险预警系统是企业稳健前行的重要基石。

（二）制定创新风险应对策略与预案

1. 风险应对策略规划

风险应对策略规划对于企业在创新过程中应对各类风险至关重要。在制定这一规划时，企业必须深入剖析可能遭遇的多种风险，如技术研发中的难题、市场的剧烈波动，以及供应链的意外中断等。每一种风险都要求有相应的应对策略，如风险规避、风险降低、风险转移或风险接受等。这些策略的制定并非随意，而是需要基于对风险的深入理解和分析。明确策略的实施条件、所需资源及其预期效果是确保策略有效性的关键。这样，当风险真正来临时，企业能够迅速、准确地采取行动，避免或减少损失。策略规划需要具备一定的灵活性，因为风险总是充满了不确定性。一个僵化的策略很难应对复杂多变的风险环境，因此，根据风险的实际变化对策略进行适时调整也是必不可少的。

2. 建立风险应对预案库

建立风险应对预案库，是企业为应对可能遭遇的各类风险所做出的前瞻性举措。预案库中收纳了针对不同风险类型的应对措施，这些措施涵盖了应急响应的具体流程、资源的合理调配方案，以及与外部实体的协作机制等。每一个预案都详细标明了执行该预案的责任人，清晰的执行步骤，以及明确的时间表。这样的设计旨在确保一旦风险事件发生，企业能够迅速启动对应的预案，并有效地进行执行，从而控制风险，减少损失。此外，预案库并非一成不变。随着企业内外部环境的演变，以及风险管理理论和实践的不断进步，预案库也需要进行定期的更新和优化。这样不仅可以确保预案的时效性和实用性，还能使企业在不断变化的市场环境中始终保持领先的风险应对能力。

3. 定期演练与更新预案

定期演练是验证风险应对预案是否有效的关键环节。通过构建逼真的风险情境，企业能够全方位地检测预案的实操性和效果。在这一过程中，对团队协作的默契程度、信息沟通的流畅性，以及资源调配的合理性等方面进行细致的观察与评估很重要。这不仅能帮助企业识别预案中的不足，也能针对发现的问题进行及时的调整和优化。演练的结果不仅是一次性的评估，也是预案持续改进和完善的宝贵依据。企业应根据演练中暴露出的问题，对预案内容进行适时的修订，以确保其更加贴合实际，更具操作性。通过这样的方式，企业的风险管理能力将得到持续提升，进而为创新活动的稳步推进构筑坚实的屏障。

第五章　国内外营商环境优化的经验与启示

第一节　国外营商环境优化的先进经验

一、国外税收营商环境优化的有益经验

（一）美国利用信息技术简化纳税申报

美国为降低纳税时间，通过对税收申报表进行精简，增加网络申报单覆盖范围，使纳税人填报纳税申报表的时间减至几分钟。起初，无论是企业还是个人，都是利用专有客户端工具完成电子申报，而现在无论是企业还是个人，都能在任何时间用任何浏览器进行申报，而且通过银行纳税的公司还能在线缴纳税款。纳税人可在 EFTPS-Online 网站上了解税务信息，办理纳税申报表、查阅历史记录等。随着计算机技术的日益成熟，以及电子申报方式的便捷性，无论是个人还是大部分企业都选择了通过电子方式报送、在线办理税务申报手续。自从美国国税局着手执行这一方案后，越来越多的纳税人采用电子报税方式，申报记录稳定增长。2001 年全年共计 1.31 亿条的申报记录中，只有 4000 万条采用电子报税记录，比例仅为 31%，而如今已经有高达 89% 以上的纳税人采用网上报税方式。

（二）新加坡运用信息技术提高纳税服务

从《2020 年营商环境报告》对世界主要经济体的营商环境排名中可以看出，新加坡的营商环境居世界第二位，排名仅次于新西兰，"纳税"指标以91.6 分的高分位列第七位。新加坡作为率先使用电子税务局的国家之一，通过数字化系统的建设，纳税人在线上即可享受纳税电子申报、电子印章等一系列税收服务。新加坡不断引进新的信息化技术，开发出适用于手机、平板等移动终端及电脑均可适用的电子申报系统，并充分利用大数据，主动为纳税人提供与其密切相关的涉税信息和税收服务等，以数字交互的方式，为纳税人提供了更多的便利。针对新登记的企业，特别制定了一个新企业发起工具包交互程序，为新企业量身定做税收相关信息。现场对纳税人自助办理具体案件，并且设置虚拟助理，辅助纳税人工作。为了帮助小型企业减少合规成本，介绍简化的税收服务记录保存计划。另外，对于部分不需要报送纳税申报表的纳税人，提供"无申报服务"，并且对现行的纳税申报表进行了常规化持续化的精简。

（三）韩国建立较为完善的税收法律体系

韩国政府已经建立起比较完备的税收法律制度。各种税收制度在立法层面上得到了确认，并将随着税收实践的需要而不断优化和完善。为构建法治化税收营商环境，韩国以法律形式出台各种税收制度规定等，如建立《课税资料提供法》，要求交通、医疗、银行等部门应为税务部门提供有关涉税数据信息，从法律层面成功促进第三方信息交换制度，在立法层面上确保多部门之间信息共享协作，并为跨部门合作扫除阻碍因素。为提高纳税人的办事效率，改善办税体验，韩国极其重视保护纳税人的合法权益，建立每月和纳税人的固定沟通日，从过去以政府征管为主变成以政府和纳税人双向互动为主，提倡和纳税人进行充分而详细的交流。设立分明赏罚机制。对于纳税信誉良好的纳税人给予降低贷款率和其他报酬，对信用等级不高的纳税人实行重点监控，精准推送涉税风险及税收政策，确保纳税人依法纳税。

（四）其他国家或地区税收营商环境优化的有益经验

通过对 2018—2020 年世界银行《营商环境报告》进行归纳总结，对其中记录的 67 个经济体，自 2016 年 6 月 2 日开始至 2019 年 5 月 1 日期间的优化税收营商环境的改革措施进行梳理，总结如下：

（1）引进或改进电子申报和缴税系统。期间有超过半数的国家共 39 个经济体采取了该项措施，可见这一举措被大多数国家所认可，是各国采取的最为普遍的措施。比如，巴哈马群岛于 2016 年开始实行网上申报和缴纳增值税，并对系统不断进行改进和完善；萨尔瓦多对企业纳税人采取强制性措施，规定企业纳税人必须在为其提供的多种电子方式中，选择其中一种方式申报年度所得税。

（2）降低税率或实行税收优惠。降低税率主要指降低企业所得税的税率，其间共有 18 个经济体选择了这项措施。比如，刚果民主共和国将企业所得税税率从原来的 35% 下调到 30%，美国将企业所得税税率从原来的 35% 下调到 21%。税收优惠主要是提供税率式税收优惠，比如，乌克兰将由雇主统一支付的社会保障税，由之前 36.76% 至 49.7% 的差异化税率调整为 22% 的统一税率。

（3）合并或取消税种。比如，塞浦路斯于 2017 年取消了不动产税；印度于 2017 年统一销售税，合并为商品和劳务税这一崭新税种；罗马尼亚于 2018 年取消需要由雇主进行缴纳的 5 种税收。

（4）改进增值税留抵退税手续。包括增加增值税留抵退税范围、增加电子化渠道优化退税流程、缩短退税审核时间。比如，亚美尼亚扩大将增值税留抵退税，将资本投资纳入了范围之内；毛里求斯推出和升级快速处理系统和在线平台，允许在线提交发票，加快增值税退税速度；塞内加尔在法律中明文规定，从税务当局收到纳税人文件之日起 90 日内，必须完成增值税退税。

二、数字背景下国际营商环境优化的经验

（一）完善税收制度环境

1. 出台并完善地方性税收优惠政策

地方性税收优惠政策不仅直接影响企业的经营成本，也是地方政府吸引

外部投资、促进产业升级和经济发展的重要手段。各个地区因其独特的地理位置、资源优势和产业基础，形成了各具特色的经济发展模式。因此，地方政府在制定税收优惠政策时，必须紧密结合当地的产业特点和发展需求，以确保政策的针对性和实效性。例如，对于新兴产业或高科技产业，地方政府可以提供所得税减免，以降低企业的创新成本，鼓励其加大研发投入，从而推动产业的科技进步和升级。对于传统制造业或劳动密集型产业，增值税返还等政策可以有效减轻企业的资金压力，帮助其更好地应对市场竞争，稳定就业。在制定这些优惠政策时，公平性和透明度是必须坚守的原则。政策不应偏袒某一特定企业或行业，而应确保所有符合条件的企业都能公平受益。

2. 落实税收优惠政策释放政策红利

税收优惠政策的出台，虽然是政府为推动地方经济发展迈出的重要一步，但政策的发布并非终点，而是新起点。确保这些精心设计的政策能够真正落到实处，转化为推动企业发展的实际动力，才是政策制定的初衷和最终目标。为了实现这一目标，税务部门不仅需要深入企业，了解企业的实际需求和困惑，也需要主动出击，通过多渠道、多形式的宣传，确保税收政策能够准确、及时地传达给每一位企业法人。税务部门还应该定期举办税收政策解读会，邀请专家深入剖析政策细节，帮助企业更好地理解和运用这些政策。除此之外，办税流程的简化也很重要。烦琐的办税程序不仅增加了企业的运营成本，还可能阻碍政策的顺利实施。因此，税务部门需要不断优化办税流程，减少不必要的环节和资料，提高办税的整体效率。通过引入现代信息技术，如电子税务局等线上平台，可以为企业提供更加便捷、高效的税务服务。税收优惠政策的真正落地，不仅能够直接减轻企业的税负，也能够传递出政府支持企业发展的明确信号。这将极大地激发企业的创新活力和发展动力，进而推动地方经济的持续健康发展。

3. 加强对社保费的统筹管理

社保费作为企业运营过程中的一项重要财务支出，对于企业的成本控制和长期发展具有不可忽视的影响。因此，加强社保费的统筹管理，不仅关系到企业的经济利益，也直接影响到企业的市场竞争力和持续发展的动力。政府在社保费的管理中起着关键作用。首先，政府需要制定合理的社保费率。这一费率的设定应当综合考虑企业的承受能力、员工的福利保障，以及社保基金的长期可持续性。合理的社保费率可以确保企业在承担相应社会责任的同时，不会因过重的社保负担而影响到其正常的经营活动和盈利能力。其次，政府必须加强对社保基金的管理和监督。社保基金是员工的"养命钱"，它的安全和有效运行直接关系到广大员工的切身利益。政府应建立健全的监管机制，确保社保基金的投资运营稳健、透明，防止社保基金被挪用或滥用，从而保障员工的社会保障权益。最后，政府还应积极推动社保制度的改革和完善。随着社会经济的发展和人口结构的变化，现有的社保制度可能已经无法完全满足企业和员工的需求。政府应与时俱进，对社保制度进行必要的调整和优化，以适应新的社会环境和经济形势。通过这样的改革，可以为企业和员工提供更加完善、人性化的社会保障服务，为企业的稳定发展创造有利的社会环境。

（二）利用数字手段提升税收法治环境

1. 建立基于区块链技术的税务执法机制

随着区块链技术的深入发展和广泛应用，其在税务执法领域所展现出的巨大潜力引起广泛关注。区块链技术的核心机制是其去中心化、数据不可篡改和公开透明的特点，这使得它成为税务执法中极为有力的工具。通过建立基于区块链技术的税务执法机制，税务数据的真实性和完整性得到了前所未有的保障。在传统的税务系统中，数据可能被篡改或伪造，给税务执法带来诸多困扰。然而，在区块链技术的加持下，每一笔交易记录都被永久性地镌刻在区块链上，无法被轻易更改或删除。这种特性不仅确保了数据的真实性，还大大提高了税务执法的透明度和公正性。此外，区块链技术的运用使得每一笔交易记录变得公开且透明。这意味着任何试图进行税务欺诈或逃税的行为都将无所遁形。在区块链的监控下，这些不法行为将难以逃脱法律的制裁，从而有效地减少税务违法行为的发生。除了提高数据的真实性和透明度外，区块链技术还能简化税务审计流程。在传统的税务审计中，烦琐的纸质记录和复杂的数据核对工作常常让审计人员头疼不已。然而，借助区块链技术，所有的交易记录都清晰可查，审计人员可以迅速准确地完成审计工作，大大提高了税收征管效率。

2. 提升征纳双方法治意识

提升征纳双方的法治意识，是优化税收法治环境的重要环节。为了实现这一目标，加强税法宣传教育不容忽视。通过深入浅出地讲解税收法律法规，可以让纳税人清晰地了解自己的权利和义务，从而提高他们的税法遵从度和税收法治观念。这种宣传教育不仅要在税务部门内部展开，也要深入社区、学校、企业等各个角落，确保每一位公民都能接受到税法的熏陶。税务部门自身的法治建设也刻不容缓。税务人员必须时刻牢记依法征税的原则，严格遵守税收法律法规，规范自己的执法行为。只有这样，才能确保税收征管的公正性和权威性，赢得纳税人的信任和尊重。除了上述两点，建立健全的税收争议解决机制也是关键因素。在税收征管过程中，难免会出现各种争议和纠纷。此时，一个公正、高效的争议解决机制就能够为纳税人提供及时的救济渠道，保障他们的合法权益。这种机制的存在，不仅能够及时解决争议，还能够进一步增强征纳双方的法治信任和合作。

（三）依托数字技术强化税收征管环境

1. 健全数字化税收监管体系

在数字化时代背景下，数字化税收监管体系不仅综合运用了大数据、云计算等现代信息技术，而且实现了对税收全流程的细致入微的实时监控与深入的数据分析。借助这一体系，税务部门能够构建一个完善的数据处理流程，涵盖数据的采集、存储、处理及应用等各个环节。这使得税务部门能够以前所未有的精准度掌握纳税人的实际经营状况和可能面临的税收风险。基于这些数据，税务部门可以迅速做出反应，采取有效的征管措施，确保税收的公平、有效征收。此外，数字化税收监管体系还大幅提升了税务部门的决策效率和响应速度。在面对复杂多变的税收环境时，税务部门能够依托这一体系，迅速做出明智的决策，为优化整个税收征管环境提供了坚实的技术和数据支撑。

2. 完善数字化税收征管模式

完善数字化税收征管模式的核心是通过数字化手段全面提升税收征管的智能化、自动化及便捷化水平。具体来说，借助大数据技术，税务部门能够对纳税人的申报数据进行实时、深入的分析和比对。这种技术手段的应用，使得税务部门可以迅速识别和提示出数据中的异常情况，从而大幅减少了人工审核的环节，节省了时间和人力成本。随着电子税务局等线上办税平台的广泛推广，纳税人不再需要亲自前往税务大厅，即可随时随地办理各类税务业务。这种线上服务模式不仅为纳税人提供了极大的便利，还大大提高了办税的效率，进一步提升了纳税人的满意度。可以说，数字化税收征管模式的完善，不仅代表了税收征管技术的进步，也是税务服务理念的一次重大革新。

3. 推进智慧税务建设，深化部门间数据共享

推进智慧税务建设，深化部门间数据共享，对于提升税收征管效能具有举足轻重的作用。为了实现这一目标，税务部门正积极加强与其他政府部门的沟通协作，努力打破信息孤岛，实现数据资源的互通互联。通过这种跨部门的合作，税务部门能够获取到更多维度、更全面的数据资源，从而为精准征管提供有力的数据支持。以与工商、银行等部门的合作为例，通过实现数据互通，税务部门可以实时掌握企业的注册信息、资金流向等关键数据。这不仅有助于及时发现和防范虚假注册、偷逃税等违法行为，也能从源头上确保税收的合法性和公平性。智慧税务建设在推动税收征管流程的优化和再造方面发挥着重要作用。通过引入先进的技术手段，如大数据分析、云计算等，税务部门能够高效地处理和分析海量数据，从而提高整体工作效率。智慧税务建设也在不断提升服务质量，为纳税人提供更加便捷、高效的服务体验。

第二节　国内营商环境优化的成功案例

一、北京市精准施策破解纳税服务难题

推出"畅捷办税靶向行动"。由于北京市纳税人数量庞大这一现实状况，为减轻税收服务大厅的负担，将工作重心放在培养纳税人的网上办税习惯上，

制定了覆盖市区两个层级的 20 项攻坚任务，改进"一站式"税收服务模式，建立了自助办税网点，扩大了线下办税服务大厅的功能。努力构建"网上办税为主，自助办税为辅，实体办税兜底"的纳税服务新模式。利用信息技术，实行 24 小时"送票到家"，实现"纳税人网上申请、云平台自动处理、限时送货上门"的"一站式"开票服务。推出办税"京八件"套餐，针对纳税人反映最多、最难解决的涉税问题，进行集中处理，对 40 多条涉税流程进行了梳理，并以套餐的形式推出了 8 个业务域套餐，对涉及的相关事项实现"一表填报、一键报送"，使所有的相关事务都能一次办理完毕，大幅缩短了企业的办税周期，降低了企业的纳税成本。

二、上海市持续释放减税降费政策红利

上海持续释放减税降费政策效应，确保各项税费优惠政策的有效实施。在保证国家出台的全国范围施行的各项减税降费政策落实到位的同时，在职权范围内，相继出台了符合上海区域特点的减税降费政策，不断优化税收制度环境，从而优化了上海市税收营商环境。对于地方权限以内的相关税费政策，在国家许可范围内减至最低，在降低社保缴存比例的前提下，所有属于上海市本地收入的文化事业建设费用，按缴纳义务人应缴金额的 50% 进行减免。降低地方行政事业性收费负担，持续开展对地方行政事业性收费的专项清理和规范工作，强化对收费管理政策的研究和分析，并对相关制度、改进措施和方案进行研究。从 2021 年 9 月起，在前期实现 11 个税费种综合申报的基础上，将增值税与车购税、消费税等税费都纳入了综合申报范围，综合申报的税费种类目前已经达到了 17 个。"一表集成、自动计算、关联比对、异常提示"的综合申报模式，为企业纳税缴费提供了便利。积极地对宣传方式进行创新，持续完善多样化的宣传渠道，力争做到全面宣传、精准辅导，让纳税人对税费优惠政策有全面的理解，更好地运用政策以充分发挥出政策应有的效果。

三、山东省改进税收执法和税收服务

山东省税务局对税收执法进行了规范和改进，保证了税收征管一个流程，

税收服务一个标准，税收执法一把尺，对建立一个公平、公正的税收法治环境给予了高度的关注。对涉税事项的行政处罚进行规范，严格落实税务行政处罚的标准，尽量降低"自由裁量权"，严格贯彻落实全国统一的税收管理准则，尽量降低对正常经营户的不必要干涉，最大限度地保护纳税人的合法权益。严厉打击涉税违法行为，开展税务专项检查，严厉打击发票违法行为，做好税收"黑名单"公布，加强对失信行为的联合惩戒，加强对税务"黑名单"的宣传，不断提升税收"黑名单"的社会关注度和影响力。建立了以纳税服务、基础管理、风险管理、法律服务等四个主要业务系列为基本构架的模式，并对每个工作岗位的工作任务进行了细化，对工作人员的工作内容进行了进一步的优化，对"一次办好"工作进行了更深层次的探索，进一步提升了办税服务质量和效率。认真梳理"最多跑一次""网上全流程"等清单事项，努力做到"一次办好"，加快办税服务工作的标准化进程，持续改进"网上办税为主、自助办税为辅、第三方代办为补充、办税服务厅兜底"四位一体的办税模式。

四、浙江省加强数字化税收征管

在"大数据+税收征管"方面，浙江省借助税收大数据，深化了大数据在税收征管的使用，从企业资金运行状况、原料采购情况、产品销售数量等多维度，为企业准确画像，在大数据平台的推动下，全方位扫描风险，点单式为纳税人推送税收优惠政策。在"人工智能+税收征管"方面，浙江省以"数智"助力智慧税务建设，研发"税点通"智能导税助手，为纳税人呈现常用操作全真模拟的操作实景，方便纳税人现学现办。在"区块链+税收征管"方面，浙江省正在以浙江财政电子票区块链应用平台为基础，开发票数据电子化区块链应用，与海关、商务局合作、阿里巴巴联合，构建区块链风险联合建设平台，对出口货物备案单证进行数字化管理，有效提升了出口退税审批效率。浙江省税务机关还将数字技术应用于个人所得税征管工作中，与自然人税收管理系统（ITS）对接，利用税收大数据健全动态"信用+风险"管理体系，数字化引领精准监管，完善税务信用体系建设。

五、肇庆打造"全肇办"涉企服务模式

2022 年以来，肇庆市各县（市、区）按照优化营商环境工作要求，聚焦"项目全代办、企业零跑腿"，打造"全肇办"涉企服务模式，助力营商环境优化。肇庆市依托粤商通构建"全肇办"涉企服务专区（以下简称"全肇办"），打造指尖"代办神器"与掌上"百科全书"。企业只需登录"全肇办"专区，便可在线享受专属代办等一站式贴心服务，还可随时查询、咨询在办项目情况、在建工程进度、一次性告知清单等信息，在线办理商事登记、项目立项、融资贷款等多个高频事项。服务专员通过"全肇办"，可对已有投资意向的产业项目提前预判介入，精准匹配企业需求，推动项目快速落户，实现项目投资科学调度。肇庆市政务服务数据管理局按照市委、市政府工作部署，依托粤政易构建"项目为王 企业第一 深化服务稳增长"活动专区（以下简称"专区"），建立起企业诉求闭环处理机制。企业通过粤商通"全肇办"提出的诉求，可直达粤政易"全肇办"政府部门工作专区，第一时间送达挂点市领导、部门领导，实现快速响应，及时为企业排忧解难；活动专区的重点企业、重点项目、重点招商引资项目等 3 个专题数据库，也为工作组全盘掌握企业发展现状、项目落地进展提供了重要参考。

第三节 国内外实践的启示与借鉴

一、政府角色定位：服务者而非管理者

（一）服务理念的转变

在营商环境优化的大背景下，政府所承担的角色正经历着深刻的变革。传统的管理理念，即将政府视为单纯的管理者，已经无法满足现代经济社会发展的需求。取而代之的是，政府必须树立全新的服务意识，将自身定位为企业的合作伙伴和服务提供者。这一转变不仅要求政府在职能上做出调整，

也需要在心态和行动上实现根本性变革。政府需要深入地了解企业的实际运营情况和市场需求，密切关注企业在发展过程中遇到的各种困难和挑战。为了实现这一目标，政府应主动与企业建立紧密的沟通机制，定期举办座谈会、调研活动等，倾听企业的声音，了解他们的诉求。政府还需积极推动行政效率和服务质量的提升，确保各项政策措施能够迅速落地，真正惠及企业。

（二）简政放权，提高效率

作为服务者，政府深知简化行政审批流程、减少不必要的环节和手续的重要性。这不仅是为了提高行政效率，也是为了给企业创造更加便捷、高效的营商环境，降低其运营过程中的难度和成本。在传统的行政审批流程中，企业需要耗费大量的时间和精力去应对烦琐的手续与环节。这不仅增加了企业的运营成本，还可能影响到其市场响应速度和竞争力。因此，政府致力于通过简政放权，优化行政审批流程，为企业提供更顺畅的办事体验。简政放权并非简单地削减审批事项，而是要对整个审批流程进行精细化梳理，去除冗余环节，提高审批效率。政府通过深入分析审批流程中的瓶颈和问题，有针对性地提出优化方案，确保每一项审批都是必要且高效的。当行政审批流程得到简化，企业能够更快速地完成各类审批事项，从而专注于自身的核心业务。这种变化不仅提升了企业的运营效率，也为其在激烈的市场竞争中赢得了宝贵的时间和资源。政府通过减少不必要的干预，进一步激发了市场活力和社会创造力，为经济的持续发展注入了新的动力。

（三）建立服务机制，提供全方位支持

政府建立完善的服务机制，旨在为企业提供全方位、多层面的支持。这种服务机制并非局限于某一特定领域，而是涵盖了政策咨询、融资协助、市场开拓及技术支持等多个方面，形成了一个综合性的服务体系。政策咨询是政府服务企业的核心内容之一。政府通过设立专门的咨询窗口或热线，为企业提供最新、最准确的政策信息和解读，帮助企业及时了解和适应政策变化，避免信息不畅而造成的经营风险。在融资协助方面，政府积极搭建银企对接

平台，为企业提供多元化的融资渠道和金融服务。这不仅有助于缓解企业的资金压力，还为其扩大规模、提升技术提供了强有力的资金支持。市场开拓是政府服务的重要领域。政府通过组织企业参加国内外展会、推介会等活动，帮助企业拓展市场，寻找商机。政府还利用自身资源，为企业提供市场调研和营销策划等方面的支持，助力企业提升品牌影响力和市场竞争力。技术支持也是政府不可或缺的服务内容。政府通过建立公共技术服务平台、推动产学研合作等方式，为企业提供技术研发、成果转化等方面的支持。这不仅有助于提升企业的创新能力，还能推动整个行业的技术进步和产业升级。

（四）强化服务意识，提升服务质量

政府应深刻认识到公务员在优化营商环境中的关键作用，并据此采取措施加强对其服务意识的培训。这种培训不仅应关注业务能力的提升，也应着重于塑造和强化公务员的服务理念和职业素养。通过专业培训、案例分析、角色扮演等多种形式，使公务员深刻理解优质服务的重要性，并学会如何在实际工作中践行这一理念。公务员作为政府与企业之间的桥梁，他们的服务态度和效率直接影响到企业对政府的整体印象和信任度。因此，公务员需要具备良好的职业素养，包括但不限于耐心倾听、积极回应、主动解决问题等。他们的服务态度应是真诚和热情的，能够让企业感受到政府的关心和支持。为了确保服务质量和效率得到持续提升，政府应建立一套有效的监督机制。这套机制应涵盖服务质量评估、客户满意度调查、问题反馈与整改等多个环节，确保每一个服务细节都能得到及时有效的监控和改进。通过定期公布服务质量和效率评估报告，增强公务员的服务意识和责任感，激励他们不断提升自身服务水平。

二、数字化技术应用：提升营商环境效率

（一）数字化技术助力政务服务升级

数字化技术的应用对政务服务的影响是深远的，它不仅改变了传统的工

作模式，还极大地提升了营商环境的效率。以电子政务平台为例，这一创新工具使得政府能够实现线上线下的无缝对接，从而为企业提供便捷、高效的服务。企业无须再奔波于各个部门之间，只需通过电子平台，便能轻松办理各类事务，这大大降低了企业的办事成本和时间成本。这些电子政务平台不仅提供政策查询、在线办理等实用功能，还运用大数据分析技术。这一技术的应用，使得政府能够实时了解企业的需求和市场的变化，为政策制定和调整提供了科学的依据。这不仅增强了政府决策的针对性和实效性，也让企业感受到了贴心和专业的服务。可以说，数字化技术的应用，正在推动着政务服务向更加高效、便捷的方向发展。

（二）"互联网+监管"提高监管效能

"互联网+监管"模式的广泛推广，正深刻改变着政府的监管方式，其最显著的优势是能够迅速发现并处理市场上的违规行为。通过实时数据监控和分析，政府可以在第一时间掌握市场动态，对任何异常行为做出快速反应，这极大地提高了监管的效能和及时性。数字化技术，特别是物联网和云计算等高科技的应用，使得监管过程更加智能化和精准化。物联网技术让每一个商品、每一次交易都被精准追踪，而云计算则提供了强大的数据处理能力，使得海量数据得到实时分析。这些技术的结合，不仅让监管行为更加科学、高效，也有效地遏制了市场中的不正当行为。在这样的监管环境下，市场的公平竞争得到了有力保障，不合规的行为得到了及时纠正。对于企业而言，这意味着他们可以在一个更加公平、透明的营商环境中发展，这为企业的稳定成长和市场的健康发展提供了坚实的基础。

（三）数字化促进跨区域、跨行业协同

数字化技术的强大力量，正在于其能打破传统的地域和行业壁垒，实现信息的无缝对接与高效流通。在数字化技术的推动下，不同地区、不同行业之间的隔阂逐渐消融，信息得以在更广阔的范围内自由传播。借助数字化平台，政府能够轻松地汇集和整合各方资源，实现高效的资源配置。无论是人

力、物力，还是财力，都可以通过数字化平台进行精准匹配和快速调配。这不仅大幅提升了资源的利用效率，还促进了跨区域、跨行业的深度协同。这种协同发展的模式，为产业链的升级和转型注入了新的活力。在数字化的驱动下，各行业之间的边界变得模糊，创新元素得以自由融合，催生出更多新的商业模式和经济增长点。

（四）智能化服务提升企业获得感

随着科技的日新月异，人工智能和大数据技术的深入发展正在为政府服务带来革命性的变革。政府如今能够借助这些先进技术，为企业提供前所未有的智能化服务。以智能语音应答系统为例，它不仅能准确识别企业的语音查询，还能迅速提供相关信息，大大提高了企业获取所需信息的速度和效率。此外，智能推荐系统的应用进一步提升了政府服务的个性化和精准度。这一系统能根据企业的历史数据和行为模式，智能推荐最符合其需求的政策和资源，从而实现了政策与企业的精准匹配。这种服务模式不仅减少了企业搜索和筛选政策的时间成本，还确保了政策的有效落地和资源的优化利用。这些智能化服务的推出，提升了企业对政府服务的满意度。企业能够更便捷地获取所需信息，更高效地利用政策资源，这为企业的稳健发展提供了有力支持，也彰显了政府在新时代背景下服务企业的决心和能力。

三、社会参与：形成多元共治的营商环境

（一）多元协作平台的搭建

为了促进社会参与并推动营商环境的优化，搭建多元协作平台成为一项重要举措。这样的平台能够汇聚政府、企业、社会组织等各方力量，为各方提供一个开放、包容的交流和合作场所。在这里，不同背景和专长的参与者可以共同探讨营商环境所面临的挑战，集思广益，寻找切实可行的解决方案。这一举措不仅加强了政府与社会各界的沟通与联系，而且推动了营商环境的实质性优化。通过多元协作，各方能够更加深入地了解彼此的需求和期望，

从而制定出贴近实际、更具有操作性的政策措施。这种共同参与和决策的过程，不仅增强了政策的针对性和实效性，也提升了社会各界对营商环境优化的认同感和支持度。

（二）社会组织的积极作用

社会组织在多元共治的营商环境中，扮演着举足轻重的角色。这些组织通常汇聚了某一行业或领域的专家，他们拥有丰富的专业知识和实践经验，因此能够针对特定问题提供深入的见解和有效的解决方案。以工商联和商会为例，它们在商事纠纷化解中展现出了独特的作用。这些组织不仅了解企业的实际运营情况和市场需求，还具备丰富的法律知识和纠纷处理经验。当商事纠纷发生时，这些组织能够迅速介入，协助双方进行沟通和协商，寻求互利共赢的解决方案。此外，工商联和商会等社会组织还与法院保持着紧密的合作关系。这种合作不仅体现在信息共享和资源整合上，而且在纠纷解决过程中形成了有力的协同效应。法院可以借助社会组织的专业知识和实践经验，更加深入地了解案情，从而做出公正、合理的判决。社会组织也可以通过与法院的合作，提升自身的权威性和影响力，更好地服务于会员企业。

（三）企业的主动参与

作为营商环境的主体之一，企业不仅是经济活动的直接参与者，也是推动社会进步和发展的重要力量。因此，企业应该充分认识到自身在营商环境优化中的责任和作用，积极参与到这一过程中来。企业可以通过多种方式为营商环境的改善贡献力量。首先，企业可以提出建设性意见，针对当前营商环境中存在的问题和挑战，提出切实可行的解决方案。这些意见不仅能够帮助政府了解市场需求和企业诉求，还能为政策的制定和调整提供有利的参考。其次，企业可以分享行业经验，促进行业内的交流与合作。每个企业都有其独特的经营模式和成功经验，通过分享这些经验，可以推动整个行业的进步和发展。最后企业之间的合作与交流也是推动营商环境优化的重要途径。通过加强合作，企业可以共同应对市场挑战，提高整体竞争力，从而为营商环境的改善创造更加有利的条件。

（四）公众的监督和反馈

公众作为营商环境的最终受益者，其对于环境质量的直接感受使得他们的监督和反馈变得十分重要。营商环境的优劣直接关系到公众的生活质量和经济利益，因此，他们对此有着极高的关注度和期待。为了更有效地收集公众的意见和建议，政府应当积极建立起畅通的反馈渠道。这不仅是设立一个意见箱或公布一个电子邮箱那么简单，而且是要确保每一条来自公众的声音都能被听到、被重视。例如，可以定期开展线上线下的问卷调查、座谈会等，深入了解公众对营商环境的真实感受和需求。当公众提出意见和建议时，政府不能仅仅停留在收集的层面，而是要做到及时回应。这种回应不是对问题的简单答复，而是要有针对性地采取措施，真正解决公众所关心的问题。这种及时的互动和反馈机制，能够让公众感受到政府的诚意和决心，从而更加积极地参与到营商环境的优化中。

四、持续创新：不断优化营商环境

（一）政策创新引领

政府作为市场规则的制定者和监管者，承担着优化营商环境、促进经济发展的重要职责。为了更有效地推动市场繁荣和企业成长，政府必须持续关注市场动态，紧密跟踪企业和行业的发展变化。在快速变化的市场环境中，企业的需求和期望也在不断变化。为了满足这些需求，政府要根据企业反馈和经济发展趋势，及时调整和更新相关政策。这种灵活性和前瞻性，不仅体现了政府对市场规律的深刻理解，也彰显了其服务市场、服务企业的决心。以中小企业为例，这些企业往往面临着资金、技术、市场等多方面的挑战。为了支持这些企业的发展，政府可以推出有针对性的优惠政策，如减税降费、提供融资支持等，以降低其运营成本，从而激发市场活力。这些政策的实施，不仅能够为中小企业创造更加宽松的发展环境，还有助于提升整个市场的竞争力和创新力。政府应通过政策引导，鼓励企业加大研发投入，推动产业升级。政府可以通过提供研发资金支持、建设科技创新平台等措施，引导企业加强自主创新，加快产业升级步伐。这不仅有助于提升企业的核心竞争力，还能为整个经济的转型升级提供有力支撑。

（二）技术创新驱动

在数字化时代，利用数字技术、人工智能等先进的科技手段来优化政务服务流程，已成为提升政府服务效率、满足企业需求的重要途径。这些技术手段的引入，不仅带来了政务服务模式的革新，也提高了企业的办事效率。以智慧政务平台为例，这一平台的建立实现了政务服务的"一网通办"。企业不再需要前往多个部门或窗口办理业务，只需通过网络平台，就能完成各类政务服务的申请和办理。这种线上化的服务方式，极大地节省了企业的时间和精力，提高了办事效率。此外，大数据和云计算等技术的运用，也为政府服务企业带来了更多的可能性。通过对海量数据的分析和挖掘，政府能够准确地了解市场动态和企业需求，从而为企业提供精准的市场分析和预测。这不仅有助于企业把握市场机遇，做出明智的决策，还能在一定程度上降低企业的经营风险。

（三）服务模式创新

政府在优化营商环境的过程中，必须转变传统的服务理念，从以往的被动响应转变为主动出击，深入了解并满足企业的实际需求。这种服务理念的转变，要求政府更加贴近企业，真正做到急企业之所急，想企业之所想。为了实现这一转变，政府可以采取多种措施。例如，建立企业服务专员制度，为企业提供一对一的全程跟踪服务。这些服务专员不仅需要具备深厚的专业知识和优秀的服务意识，还需要能够及时解决企业在发展过程中遇到的各种问题。通过这种个性化的服务方式，政府可以精准地把握企业的需求，从而提供更加贴心、高效的服务。除了提供个性化的服务方案，政府还可以通过举办各种活动来加强与企业之间的沟通与交流。例如，定期举办企业家沙龙活动，邀请各行业的企业家共聚一堂，分享经验，交流想法，共同探讨行业发展的未来趋势。政府也可以举办政策宣讲会，及时将最新的政策信息传递给企业，帮助企业理解和运用相关政策，从而享受更多的政策红利。

（四）法治环境创新

法治的健全与稳固，为企业运营提供了明确的规则指引和有力的法律保障，是确保市场公平竞争、维护经济秩序稳定的关键。为了达到这一目标，政府必须不断努力完善相关的法律法规体系。这不仅包括修订和更新过时的法律条文，以适应经济社会发展的新情况、新问题，还包括填补法律空白，确保企业在各个经营环节都有法可依。通过这一系列立法措施，政府能够为企业打造一个更加明确、可预测的法律环境，从而降低企业的经营风险。在提高立法质量的同时，司法公正性和效率性的提升也是必不可少的。公正的司法能够确保企业之间的纠纷得到公平合理的解决，而高效的司法则能缩短案件处理时间，减少企业的诉讼成本。这两者的结合，不仅增强了企业对法治环境的信心，也进一步提升了市场的整体运行效率。此外，政府应加大对违法行为的打击力度。通过严厉打击侵犯企业权益的违法犯罪行为，政府能够切实保护企业的合法权益不受侵犯，确保所有企业在法律面前一律平等。这种强有力的法治保障，会极大地提升企业在当地投资的信心和长期经营的意愿。

第六章 营商环境优化的实施路径
与保障措施

第一节 营商环境优化的实施步骤

一、评估与诊断

(一) 现状调研

现状调研的核心目标是全面了解当前营商环境的实际状况,这是一项系统性的工作,需要综合运用多种方法和手段。实地考察是其中一个重要环节,通过走访各类企业、产业园区和政府机构,能够直观地感受到营商环境的实际运作情况,从而准确地把握现状。除了实地考察,企业访谈也是不可或缺的一部分。通过与企业负责人的深入交流,可以了解他们在经营过程中遇到的困难和挑战,以及对营商环境的真实感受。这些反馈,往往能够揭示出营商环境中存在的深层次问题。数据收集同样重要。通过收集和分析政府公告、统计数据、行业报告等,可以从宏观角度把握营商环境的整体状况和发展趋势。这些数据不仅能反映当前的问题,还能预测未来的挑战和机遇。在现状调研中,要特别关注政策环境、行政效率、市场监管、基础设施建设等领域。这些领域是营商环境的重要组成部分,直接影响着企业的经营效率和投资意愿。通过深入剖析这些领域，不仅能揭示出存在的问题，还能挖掘出问题的根源，为后续的优化工作提供有力的信息支持。

（二）需求分析

需求分析是营商环境优化过程中一个承上启下的环节，它紧随现状调研之后，进一步深入探究企业和投资者的实际需求。它能够帮助政策制定者精确地把握目标群体的期望，从而确保后续的优化措施能够真正落到实处，满足市场主体的真正需求。在进行需求分析时，必须从企业和投资者的角度出发，换位思考，深入了解他们在营商环境中所面临的挑战和机遇。为此，可以采用问卷调查的方式，广泛收集不同行业、不同规模企业的意见和建议。问卷调查的设计要科学、合理，问题要具有针对性和开放性，以便能够全面捕捉企业和投资者的真实想法。座谈会也是一个非常有效的信息收集渠道。通过邀请具有代表性的企业和投资者代表，就营商环境的各个方面进行深入交流和探讨，可以更加直观地了解他们的需求和期望。座谈会的氛围应该轻松、开放，以便让参与者能够畅所欲言，提出宝贵的意见和建议。深度访谈则是针对特定企业或投资者进行的个性化需求挖掘。通过与企业负责人或投资者进行一对一的深入交流，可以详细地了解他们的经营策略、市场定位，以及对营商环境的特定要求。这些深度访谈的结果，对于制定个性化的优化措施具有重要的参考价值。

二、制订优化计划

（一）目标设定

在营商环境优化的过程中，目标设定是重要的第一步。这一阶段的核心工作是根据前期评估与诊断的结果，明确并设定具体、可量化且可实现的优化目标。这些目标不仅为整个优化工作提供了明确的方向，也是衡量优化成效的重要标准。设定目标时，需要综合考虑多个方面，包括提高行政效率、简化审批流程、降低企业运营成本、增强市场监管的公正性和透明度等。例如，可以设定将某项行政审批的时间缩短 50%，或者将企业开办时间从原来的 7 天缩短到 3 天等。这样的具体目标，既具有挑战性，又具备可实现性，能够有效激发优化工作的积极性和创造性。目标的设定需要与实际情况紧密结合，充分考虑资源、时间、人力等实际条件，确保目标的科学性和合理性。此外，为了保持优化工作的持续性和动态性，目标设定还应具备一定的灵活性和可调整性，以便根据实际情况进行适时的调整和优化。

（二）策略规划

在明确了优化目标之后，接下来是制订具体的优化策略和行动计划。这一阶段的工作要求细致入微且具备高度的前瞻性，以确保各项优化措施能够精准对接目标，实现预期效果。策略规划的首要任务是针对每个设定的目标，提出切实可行的实施方案。例如，为了缩短行政审批时间，可以推行电子政务平台，实现线上办理和信息共享。还可以建立行政审批的标准化流程，提升审批人员的专业素养，从而提高审批效率。除了具体的实施方案，策略规划还需要考虑资源分配、时间安排和风险评估等因素。要确保各项措施在实施过程中有足够的人力、物力和财力支持，要合理安排时间节点，确保优化工作的有序推进。此外，对可能遇到的风险和挑战进行充分预估，并制定相应的应对措施，也是策略规划中不可缺少的部分。通过科学、全面的策略规划，不仅可以为营商环境优化提供清晰的路线图和时间表，还能够有效整合各方资源，形成合力，共同推动营商环境的持续改善。

三、简化行政审批

（一）流程再造

在营商环境优化的过程中，精简审批环节是提升政府服务效率、减轻企业负担的重要举措。流程再造的核心是重新审视现有的行政审批流程，去除冗余环节，合并相似流程，从而缩短审批时间，提高企业办事效率。为了实现这一目标，需要对现有的审批流程进行全面的梳理和分析。对于那些重复、低效或者无实际意义的审批环节，应予以取消或合并。还应优化审批流程的顺序，确保各环节之间的衔接更紧密，减少不必要的等待时间。此外，提高审批人员的专业素养也是关键因素。通过定期的培训和教育，确保审批人员熟悉新的审批流程，能够高效、准确地完成审批工作。这样不仅能提升企业办事的便捷性，还能提高政府对企业的服务质量和水平。通过这些措施，可以有效地精简审批环节，提高审批效率，为企业创造一个高效、便捷的营商环境。

（二）电子化改革

随着信息技术的快速发展，电子政务已成为提升政府服务效率、优化营商环境的重要手段。通过推广电子政务，实现线上办理，可以大大减少企业的办事时间和成本，提高政府服务的便捷性和透明度。要实现电子化改革，首先，需要构建一个功能完善、操作便捷的电子政务平台。这个平台应该整合各类政府服务事项，提供在线咨询、在线申请、在线支付等一站式服务。企业只需通过电脑或手机等终端设备，就能随时随地办理各类业务，无须再到实体窗口排队等待。其次，加强数据共享和信息安全也是电子化改革的重点。政府各部门之间应实现信息共享，避免企业重复提交材料。要采取严格的信息安全措施，确保企业信息的安全性和隐私性。最后，为了推广电子政务的使用，政府应积极开展宣传和培训活动。通过各种渠道向企业普及电子政务的便利性和操作方法，提高企业对电子政务的认知度和使用率。

四、完善法规制度

（一）法规修订

随着经济的快速发展和市场环境的不断变化，现有的法规制度可能已经无法完全适应新的经济形态和企业需求。因此，对法规进行及时的修订和完善是不容忽视的。这不仅是为了保障市场的公平竞争，也是为了给企业提供更加明确和稳定的法律环境。在进行法规修订时，应重点关注那些与经济发展密切相关、对企业运营产生直接影响的法律法规。例如，针对新兴产业的发展，可能需要制定新的法规来规范市场秩序，保护消费者权益；对于传统行业，也需要根据市场变化和技术进步来更新相关法规，以适应新的发展需求。法规修订过程中应充分听取企业和投资者的意见，确保修订后的法规既符合国家的宏观政策导向，又能切实反映市场主体的合理诉求。通过公开征求意见、召开听证会等方式，增加法规修订的透明度和公众参与度，从而提高法规的科学性和可操作性。

（二）执行监督

完善的法规制度如果得不到有效的执行，那么其效用将大打折扣。为了做好执行监督工作，需要建立健全的监督机制。这包括明确监督主体、监督对象和监督内容，制订详细的监督计划和检查标准，以及确保监督结果的公正性和权威性。应充分利用现代信息技术手段，提高监督工作的效率和准确性。在执行监督过程中，对于发现的违规行为应依法予以查处，并及时向社会公布处理结果，以起到警示和震慑作用。还应加强对监督结果的运用，将其作为改进法规制度、提升政府服务水平的重要依据。通过持续不断的监督和检查，确保法规制度得到有效执行，为优化营商环境提供坚实的法治保障。

五、加强公共服务

（一）服务提升：提高政府服务效率和质量，为企业提供便捷服务

为了实现服务提升，政府需要不断改进服务流程，简化办事程序，缩短办理时限，为企业提供高效、便捷的服务。具体而言，政府可以通过优化服务流程，提高办事效率。加强服务人员的培训和管理，增强他们的专业素养和服务意识，确保为企业提供优质的服务体验。政府可以利用现代信息技术手段，如建立在线服务平台、推广电子政务等，实现线上线下相结合的服务模式，为企业提供便捷、高效的服务渠道。通过这些措施，不仅可以提升政府的服务效率和质量，还可以增强企业对政府的信任和满意度，进一步促进

营商环境的优化和发展。

（二）信息公开：加强政府信息公开，提高透明度

在营商环境优化中，加强政府信息公开可以为企业提供更加明确、可预期的政策环境，降低企业的经营风险。为了实现信息公开，政府需要建立完善的信息公开制度，明确公开的范围、方式和时限。加强信息公开平台的建设和维护，确保信息的及时性、准确性和可读性。通过政府网站、新闻发布会、政务微博等多种渠道，及时公开政策法规、行政决策、公共服务等相关信息，让企业了解政府的最新动态和政策导向，从而更好地规划经营策略。政府应积极回应企业的信息需求，提供个性化的信息咨询服务，帮助企业解决在经营过程中遇到的信息难题。通过加强政府信息公开，可以提高政府的透明度，增强企业对政府的信任和支持，为营商环境的优化奠定坚实的基础。

六、优化税收政策

（一）税负减轻

为了促进企业的发展和经济的增长，合理调整税收政策以降低企业税收负担是十分重要的。税负的轻重直接影响到企业的经营成本和盈利能力，因此，政府需要通过科学的税收政策调整，切实减轻企业的税收压力。具体来说，政府可以针对不同行业、不同规模的企业制定差异化的税收政策。对于新兴产业、小微企业等需要扶持的行业和企业，可以适当降低税率、提供税收减免等优惠政策，以鼓励其创新发展。对于传统行业、大型企业等，可以通过合理的税收调整，促进其转型升级和提高竞争力。政府还应加强税收政策的宣传和解读，确保企业能够充分了解并享受到相关政策带来的优惠。通过税负的减轻，可以激发企业的活力和创造力，进一步推动经济的持续发展。

（二）税收服务：提升税务部门服务水平，简化报税流程

税务部门作为企业与政府之间的桥梁，其服务效率和质量直接影响到企

业的税收体验和满意度。为了提升服务水平，税务部门应加强对工作人员的培训和管理，增强他们的专业素养和服务意识。通过简化报税流程、推广电子税务局等信息化手段，实现税收服务的线上化和远程办理，为企业提供更加便捷、高效的报税体验。税务部门还应积极开展税收政策宣传和解读工作，帮助企业更好地理解和遵守税收法规，降低税收风险。通过提升税务部门的服务水平，可以进一步优化税收营商环境，促进企业的健康发展。

七、加强市场监管

(一) 市场准入

降低市场准入的门槛，意味着为更多的投资者和创业者敞开了一扇通向市场的大门，这会吸引更多的经济力量涌入，从而增强市场的多样性和活跃度。为了实施这一策略，政府可以从多个方面入手。首先，简化注册流程，减少烦琐的手续和时间成本，使企业能够快速地完成法定程序，正式开展业务。其次，减少前置审批事项。过多的前置审批不仅拖延了企业进入市场的时间，还可能因为复杂的流程让企业望而却步。通过精简这些审批，可以为企业创造更便捷的营商环境。最后，放宽外资准入也是一个重要的方向。随着全球化的深入，外资在推动国内经济发展和技术进步方面起到了不可或缺的作用。放宽外资准入，可以吸引更多的国际资本和技术进入我国市场，从而推动我国产业的升级和转型。这些措施的实施，不仅为企业节省了大量的时间和精力，降低其运营成本，而且鼓励了更多的市场主体都积极参与到市场竞争中。这种竞争不仅是价格上的，而且是在创新、服务、品质等方面的全方位竞争，这会推动整个市场向更高、更好的方向发展。

(二) 公平竞争

加强反垄断和反不正当竞争执法，在现如今的市场经济体系中愈加重要。市场经济的核心是自由竞争，但当垄断和不正当竞争行为渗透其中时，这种自由竞争的精神就会受到严重侵蚀。垄断行为，无论是通过合并、收购还是其他手段形成，都会导致市场上的竞争者数量减少，进而使得消费者面临更少的选择和更高的价格。而不正当竞争，如虚假宣传、侵犯商业秘密等，更是直接损害了其他诚实经营者的利益，破坏了市场的公平竞争原则。为了应对这些扭曲市场机制的行为，政府必须采取果断行动。加强反垄断和反不正当竞争执法，就是要对那些试图通过不正当手段获取市场份额、损害他人利益的企业或个人说"不"。通过严格的执法监督和加大处罚力度，政府向市场传递一个明确的信号：任何试图破坏市场竞争规则的行为，都将受到应有的惩罚。但仅仅依靠执法是不够的。为了让每一个市场主体都明白公平竞争的重要性，政府还需要加强相关的宣传教育工作。这不仅是告诉人们哪些行为是违法的，也是培养他们的公平竞争意识，让他们从内心深处珍惜和维护这个自由竞争的市场环境。

八、建立反馈机制

（一）渠道建设

企业在日常经营活动中，时常会面临各种困难和挑战。有些问题可能是政策层面的，有些可能是服务层面的，还有些可能与市场环境、行业竞争等相关。若政府无法及时了解这些问题，就难以制定出真正符合企业需求的政策和提供精准有效的服务。因此，建立反馈渠道不仅是为了收集意见，也是为了构建一个政府与企业之间的沟通平台。在建设这些渠道时，必须注重其多元化和便捷性。例如，通过建立在线调查平台，政府可以定期或不定期地发布调查问卷，主动向企业征询意见。而开设社交媒体账号，可以让企业与政府进行实时互动，及时反馈问题并得到回复。当然，有了好的反馈渠道，还需要确保其得到充分的宣传和推广。只有当广大企业都了解并顺畅地使用这些渠道时，它们才能真正发挥其应有的作用。通过这些多元化的反馈渠道，政府可以全面、深入地了解企业的真实需求和痛点。无论是企业在政策解读上的困惑，还是在行政审批、税收服务中遇到的问题，抑或是关于市场监管的建议和意见，政府都能第一时间得知，并据此进行相应的调整和优化，从而为企业创造更加良好的营商环境。

（二）问题响应

建立反馈渠道，让政府倾听到企业的声音，这是优化营商环境的重要举措。为了实现这一目标，政府应当设立专门的团队或机构，他们的核心职责就是全面、系统地收集、整理和分析企业反馈的各类信息。当企业提出的问题和建议汇聚到这个专门的团队或机构时，他们需要迅速对这些信息进行深入的分析和研判，确保每一个问题都能得到精准的回应。而对于那些反映出的系统性问题和潜在的改进空间，政府需从宏观的角度进行审视，以期通过政策层面的调整，实现营商环境的整体性优化。这种快速响应机制，不仅及时解决了企业在经营过程中遇到的实际问题，也在企业与政府之间建立起了一种深厚的信任关系。当企业看到他们的声音真正被政府所重视，并得到实质性的回应时，他们对政府的信任感和满意度自然会随之提升。通过持续改进营商环境，政府不仅向企业传递了一个明确的信号——他们的需求和关切真正被重视，也为自己赢得了更高的公信力和更广泛的支持。这种良性的互动与循环，将促进地区的经济稳定发展、社会的繁荣进步。

第二节　营商环境优化的责任主体与协作机制

一、营商环境优化的责任主体

（一）政府主导部门

1. 政策制定与监管

政府主导部门在营商环境优化中承担着政策制定与监管的重要职责。政策是引导市场发展的风向标，政府需要通过深入研究和分析市场动态，制定出符合当前经济形势和未来发展趋势的政策法规。这些政策不仅能促进市场公平竞争，保护企业的合法权益，还能激发市场活力，引导企业创新发展。

政府要设立专门的监管机构，对市场进行严格的规范和监督，防止不正当竞争和违法行为的发生。通过有效的政策制定和监管，政府可以为企业营造一个稳定、公平、透明的市场环境，推动企业健康有序发展。为了实现这些目标，政府需要不断完善政策体系，提高政策的前瞻性和针对性。政府应加强与企业的沟通和交流，及时了解企业的需求和困难，确保政策能够真正落到实处，解决企业的实际问题。政府还应加大对违法行为的打击力度，维护市场的公平和正义，为企业的合法经营提供有力保障。

2. 公共服务提供

在营商环境优化中，政府主导部门需承担提供公共服务的重要职责。公共服务的质量和效率直接影响企业的经营成本和运营效率。因此，政府需要不断完善基础设施建设，如交通、通信等，为企业提供便利的营商环境。政府应提供高效的行政审批服务，简化审批流程，缩短审批时间，降低企业的时间成本和经营成本。为了实现这些目标，政府需要持续投入资金和资源，加强基础设施建设，提高公共服务的水平和质量。政府应推进政务服务改革，实现政务服务的标准化、规范化和便捷化。通过线上线下的方式，为企业提供一站式服务，让企业能够方便快捷地办理各项业务。政府还应加强与企业的沟通和协作，及时了解企业的需求和反馈，不断优化公共服务的内容和方式，以满足企业的发展需求。通过这些措施，政府为企业提供更加优质、高效的公共服务，从而推动营商环境的持续优化。

(二) 地方政府及相关部门

1. 政策执行与落地

地方政府及相关部门在营商环境优化中，对政策执行与落地的环节负有重要责任。他们不仅是中央政策的具体实施者，也是将政策转化为实际行动的主要力量。为了确保政策的有效执行，地方政府需要建立明确的执行机制，将政策细化为可操作的措施，并明确责任分工和时间节点。地方政府需加强对政策执行情况的监督和检查，确保各项政策能够真正落到实处，产生实效。在政策执行过程中，地方政府要注重与企业的沟通和协作，及时了解企业在政策执行中遇到的困难和问题，并积极协调解决。地方政府还应建立政策执行的反馈机制，收集企业对政策执行的意见和建议，为后续政策的调整和完善提供参考。通过这些措施，地方政府可以确保政策的有效执行和落地，为企业创造更加稳定、可预期的市场环境。

2. 企业服务与支持

为了促进企业的发展和创新，地方政府需要建立完善的企业服务体系，为企业提供全方位、多层次的支持和帮助。这包括但不限于提供信息咨询、法律援助、人才培训等服务，以及组织企业参加各类展会、交流活动，促进企业间的合作与发展。地方政府应特别关注中小企业的成长，为他们提供更多的政策扶持和资金支持。通过设立企业服务中心或专门的服务窗口，地方政府为企业提供更加便捷、高效的服务。地方政府还应积极回应企业的诉求，及时解决企业在经营过程中遇到的困难和问题，确保企业能够在良好的营商环境中茁壮成长。通过这些举措，地方政府为企业提供更加贴心、专业的服务与支持，推动了企业的持续发展和创新。

（三）行业协会与商会

1. 政策建议与反馈

作为行业内企业和政府的桥梁，行业协会与商会深入了解行业动态和企业需求，因此有能力为政府提供专业的政策建议和意见。在日常运营中，行业协会与商会积极收集会员企业的意见和建议，整理后向政府部门反馈，确保政策制定更加贴近行业实际，更具针对性和实效性。行业协会与商会参与政策制定的咨询和讨论，为政府提供行业内的最佳实践和案例，帮助政府全面了解行业现状和发展趋势。在政策实施过程中，行业协会与商会会持续跟踪政策效果，及时向政府反馈实施情况，为政策的调整和完善提供有力支持。通过这些工作，行业协会与商会有效促进了政府与行业的沟通与交流，推动了行业健康有序发展。

2. 企业帮扶与发展

行业协会与商会致力于为会员企业提供全方位的支持和服务，帮助企业解决在经营过程中遇到的各种问题和困难。通过组织行业培训、技术交流活动，帮助企业提升技术水平和管理能力，增强市场竞争力。行业协会与商会积极地为企业搭建合作平台，促进企业间的资源共享和优势互补，推动企业间的协同发展。在企业融资、市场开拓等方面，行业协会与商会积极协调资源，为企业提供必要的帮助和支持。通过这些举措，行业协会与商会有效促进了企业的成长和发展，为行业的繁荣和进步做出了重要贡献。

二、营商环境优化的协作机制

（一）跨部门协调与合作

1. 建立联合工作机制

在营商环境优化的推进过程中，跨部门联合工作机制的建立尤为关键。这一机制的重要性不仅在于其能确保各个部门间形成统一的目标，还在于它能促使各部门遵循共同的行动准则，从而协同推进营商环境的整体改善。为了实现这一目标，设立联合工作组是一个非常有效的手段。这个工作组的任务是统筹和协调各个部门在营商环境优化过程中的具体工作。通过这样的统筹协调，可以有效地避免各部门各自为政、推诿扯皮的现象，确保所有部门朝着同一个方向努力。联合工作组应定期召开会议，这不仅是为了汇报和总结工作的进展，也是就营商环境优化过程中遇到的问题和挑战进行深入讨论。通过这样的讨论，各部门可以共同寻找解决问题的方法，并制定出切实可行的解决方案。这一机制的另一个优势是能够有效地整合各部门的资源和力量。在营商环境优化的过程中，各个部门都有其独特的资源和优势，通过跨部门联合工作机制，可以将这些资源和优势有效地整合起来，形成一股强大的合力。这样不仅可以提高政策执行的效率，也能确保政策执行的效果达到预期，从而为企业创造一个稳定、公平、透明的营商环境。

2. 信息共享与数据互通

在现代社会，信息就是力量，而信息的及时流通与共享是提升工作效率、优化决策流程的关键因素。为了实现这一目标，构建一个统一的信息共享平台势在必行。这样的平台将成为各部门之间沟通的桥梁，使得原本分散在各个角落的数据得以汇聚，让信息变得更加透明和易于获取。通过这一平台，各部门能够迅速上传最新数据，也能即时获取其他部门的信息。这种数据的实时更新和共享机制，将极大地提升各部门对营商环境实际情况的掌握程度。无论是市场动态、政策变化，还是资源配置，所有相关信息都能第一时间反映在平台上，供各部门参考。在这样的信息共享机制下，决策者们能够基于全面、准确的数据来制定策略，这会提高决策的科学性和合理性。信息的无障碍流通将加强部门间的协同合作。当每个部门都能获取到其他部门的准确信息时，其行动将更加一致，政策在各环节的执行也将更加顺畅，不会出现信息闭塞而导致的执行障碍。这种协同性的提升，会极大地增强整个组织的执行力和应变能力。

3. 协同审批与监管

传统的审批与监管模式让企业陷入烦琐的流程中，不得不在多个部门间频繁奔波，这不仅浪费了企业宝贵的时间资源，也增加了不必要的运营成本。然而，通过协同审批的实施，这一问题得到了有效的解决。协同审批通过优化跨部门之间的审批流程，使得原本分散、冗长的审批过程变得简洁高效。企业只需在一个窗口或平台上提交相关资料，便能享受到一站式服务，从而大幅提升了审批的效率。这种模式的推行，不仅让企业感受到了实实在在的便利，也体现了政府部门服务理念的转变和升级。联合监管的强化也是跨部门合作的重要环节。传统的监管模式中，重复检查和多头执法是企业常常遭遇的困扰。而通过部门间的联合监管，这一问题得到了有效改善。联合监管不仅减少了重复劳动，减轻了企业的应对负担，也能够及时发现并解决营商环境中潜在的问题和风险点。这种监管模式的高效性和预防性，为企业的稳健运营和持续健康发展提供了保障。

（二）政府与企业互动机制

1. 构建企业沟通平台

为了加强政府与企业间的对话与沟通，构建一个高效、便捷的企业沟通平台至关重要。这样的平台不仅能为企业提供一个集中的窗口，用于反映日常经营中遇到的问题和挑战，还能成为他们向政府提出宝贵建议的直通渠道。通过这种方式，政府的决策和策略制定能更加紧密地贴合企业的真实需求和期望。企业沟通平台的构建应采用线上与线下相结合的方式，以满足多样化的交流需求。线上平台，借助其便捷性和即时性，可以确保信息的快速传递和反馈。无论是企业需要帮助，还是政府对某项政策的解读，双方都能迅速获得所需信息，大大提高了沟通效率。而线下活动，如座谈会、研讨会等，为双方提供了面对面深入交流的机会。在这样的场合，企业可以更详细地阐述自己的观点和建议，政府也能更直观地了解企业的真实想法和需求。这种深入的交流与合作，会进一步拉近政府与企业之间的关系，使政策制定政策更加精准、更加符合实际。借助这样的沟通平台，政府能够及时地掌握企业在经营过程中遇到的各种困难和挑战，从而做出快速响应，调整或出台相关政策，为企业提供有力的支持和帮助。企业也能通过这个平台，全面地了解政府的最新政策、把握市场的最新动态，为企业的长远规划和持续发展奠定坚实的基础。

2. 定期企业座谈会

定期举办的企业座谈会在政府与企业之间的互动中占据了重要地位。这种座谈会为政府和企业代表提供了一个难得的机会，能够坐下来面对面地进行深入的交流和讨论。在这样的场合里，企业代表可以坦诚地向政府反映他们在日常经营中遇到的各种问题和挑战，也能就政府的各项政策、市场监管措施及融资支持等方面提出自己的看法和建议。座谈会的魅力在于其深入、具体的交流方式。这不仅是一个简单的信息反馈过程，也是一个政府全面了解企业经营状况和发展需求的窗口。企业代表在座谈会上所分享的经验、所提出的问题，都能为政府提供宝贵的第一手资料，帮助政府更好地把握经济脉搏，精准地制定和调整相关政策。企业座谈会也是一个促进企业间交流与合作的重要平台。在座谈会上，来自不同行业、不同规模的企业代表可以相互分享经验，探讨合作的可能性，共同推动行业的进步与发展。这种企业间的交流与合作，不仅能够加强企业间的联系，还能够为整个行业注入新的活力和创新力。

3. 政策宣传与培训

政策宣传与培训在政府与企业的沟通交流中，有着非常重要的作用。政府不仅是政策的制定者，也是政策的传播者和解读者。为了让企业及时了解并准确掌握最新的政策动态，政府必须运用多元化的宣传手段，如线上平台、新闻媒体、宣传册等，全面、迅速地将政策信息传递给企业。在这个过程中，政府不仅要确保信息的准确性和时效性，还要注重信息的可读性和易懂性，从而帮助企业更好地理解政策意图，明确政策导向。对于一些涉及专业性强、操作复杂的政策，政府还需有针对性地组织培训活动。这些培训活动旨在提升企业对政策的应用能力，使其能够有效地利用政策资源，从而优化自身的经营策略和发展规划。通过专业的讲解、案例分析及现场答疑等环节，政府可以帮助企业深入理解政策细节，掌握政策申请的具体流程和操作技巧。政策宣传与培训的深入开展，不仅有助于增强企业对政策的认知度和理解力，也能直接提升企业的政策利用效率，进而增强其在市场中的竞争力。从长远来看，这是政府引导企业发展方向、推动企业创新转型和产业升级的重要手段。通过这样的方式，政府与企业之间的关系将更加紧密，共同推动经济社会的持续健康发展。

（三）社会监督与参与机制

1. 公开透明与信息披露

公开透明作为现代治理的基石，其重要性不言而喻。它强调了政府在执行公务、制定政策时必须坚守原则，即信息的及时、准确与全面公开。这一原则不仅关乎公众的知情权，也是政府诚信与公信力的直接体现。在信息化日益发展的今天，信息的流通与公开非常重要。信息披露作为一个对公众负责的行为，其实质是政府在阳光下的自我展示和接受监督的勇气。当政府及相关机构勇于公开决策过程、财政预算、项目进展等核心信息时，实际上是在传递一个明确的信号：愿意接受社会的审视与检验。这样的态度，会大幅提升政府在公众心目中的形象与地位。更为重要的是，公开透明与信息披露在预防腐败、减少权力寻租方面有着十分重要的作用。当权力运行在阳光之下，那些潜在的、不正当的利益输送和权力交易就会无所遁形。这不仅为政府创造了一个清正廉洁的工作环境，也为公众树立了一个正义的标杆。除此以外，公开透明还能有效地引导公众的预期，帮助市场形成合理的判断，进而稳定市场情绪。在一个信息充分公开、政策预期明确的环境下，企业和投资者可以放心地进行经济活动，这为经济社会的持续健康发展注入了强大的动力。因此，不断地完善和加强公开透明与信息披露机制，对于政府治理能力的提升、社会信任的增强都具有不可替代的价值和意义。

2. 社会评价与反馈机制

社会评价与反馈机制在社会监督体系中占据了举足轻重的地位。这一机制为公众提供了一个表达意见和看法的平台，使他们能够直接对政府行为、公共服务的质量，以及政策的执行效果进行评价。这种直接来自社会的声音，对于政府来说，是极其宝贵的资源。公众的评价和反馈，不仅是对政府工作的简单评价，而且是对政府决策、执行等各个环节的全面审视。通过这些评价和反馈，政府可以及时了解社情民意的变化，捕捉到公众的真实需求和期望。这对于政府来说，是调整政策方向、优化服务流程的重要依据。社会评价与反馈机制为政府与公众之间搭建了一座沟通的桥梁。在这座桥梁上，公众不再是单纯的政策接受者，而是成为政策制定和执行的参与者。这种角色的转变，极大地增强了政府与公众之间的互动和沟通，使政府更加贴近民生，更加了解民情。为了实现更好的社会评价与反馈机制，政府还需要不断地完善评价与反馈的途径，使其更加高效、便捷。这样，公众在评价政府工作时，可以方便快捷地表达自己的看法，政府也可以及时地收集到这些宝贵的意见和建议。通过这样的方式，政府不仅可以更好地聆听民声、了解民意，还可以实现更加科学、民主的决策，推动社会的和谐与进步。

3. 公众参与决策

公众参与决策，是现代民主政治的鲜明特色和核心价值所在。它不仅赋予了公众更多的发言权和影响力，还使得政策的制定更科学、合理。在这样的机制下，政府不再单方面地制定和执行政策，而是与公众携手，共同为社会的繁荣稳定出谋划策。邀请公众参与政策制定和执行，意味着政府打开了一扇了解民意的窗户。不同利益群体的需求和诉求，如同多彩的线条，共同编织出一幅真实的社会画卷。政府通过这幅画卷，可以更精准地把握社会的脉搏，从而制定出更加贴近实际、反映民意的政策方案。公众参与不仅为政府带来了宝贵的民意资源，还极大地增强了政策的可接受性和执行力。当公众真正参与到决策过程中，他们会更加珍惜和认同这些政策，从而在实施过程中给予更多的支持和配合。这会减少政策推行中的阻力和冲突，使得政策能够顺畅地落地生根。为了实现这一美好的愿景，政府必须付出真心实意的努力。建立畅通的参与渠道是第一步，让每个公众都有机会发声，都能被政府所听见。同时，政府还要提供必要的信息和支持，帮助公众更好地理解和参与到决策过程中。只有这样，公众与政府之间才能建立起真正的互信，形成互利共赢的合作关系，共同为社会的和谐与进步贡献力量。

第三节 营商环境优化的监督与评估

一、建立全面的监督体系

（一）构建多元化监督主体

1. 政府内部监督机构

政府内部监督机构不仅负责监督政策的执行情况，还确保公职人员依法行事，从而维护政府的公信力和效率。通过定期的内部审计和监察，政府能够及时发现并纠正政策执行中的偏差，保障政策目标的实现。此外，政府内部监督机构还能对公职人员的行为进行有效约束，防止权力滥用和腐败现象的发生，为营商环境的公正、透明提供有力保障。

2. 企业反馈机制

企业作为营商环境的直接参与者，其反馈对于优化营商环境具有重要意义。通过建立有效的企业反馈机制，政府可以及时了解企业在经营过程中遇到的困难和挑战，进而调整相关政策，提升服务质量。这一机制不仅增强了政府与企业的沟通，还使得政策的制定更加贴近实际需求，提高了政策的针对性和实效性。企业反馈机制也有助于发现政策执行中的问题和不足，为政府提供改进的方向和动力。

3. 公众参与平台

公众参与平台是提升营商环境透明度和公信力的重要途径。通过公开征集意见、举办听证会等方式，政府能够广泛听取公众的意见和建议，确保政策的制定和执行更加符合民意。公众参与平台不仅增强了政策的民主性和科学性，还有助于培养公众的责任感和归属感。

4. 媒体监督与曝光

媒体作为社会舆论的重要引导者，在营商环境优化中发挥着独特的监督作用。通过媒体的曝光和评论，政府能够及时了解社会对于营商环境的看法和期待，进而调整策略。媒体监督不仅有助于发现政策执行中的问题和不足，还能推动政府加强自我革新，提高行政效率。媒体的广泛传播也能增强公众对营商环境的认知和理解，为政府的改革措施赢得更多的支持和理解。

（二）完善监督制度与法律保障

1. 制定监督法规

制定监督法规是确保监督体系有效运行的基础。在营商环境优化过程中，明确的监督法规能够为监督活动提供法律依据，规范监督行为，并明确各方的权利和义务。这些法规不仅应涵盖监督的程序、方法和标准，还应包括违规行为的处罚措施，以确保法规的威慑力和执行力。通过制定全面的监督法规，可以营造一个公平、公正、透明的监督环境，进而推动营商环境的整体优化。

2. 建立问责机制

建立问责机制是提升监督效果的关键。在营商环境监督中，对于监督过程中发现的问题，必须依法追究相关责任人的责任。这种问责机制能够确保政策的严格执行，防止权力的滥用和失职行为的发生。通过公开透明的问责过程，可以增强政府的公信力和民众的信任度。问责机制还能够激励公职人员更加尽职尽责，提高工作效率和服务质量，从而为企业和公众创造更好的营商环境。

3. 保护监督者权益

保护监督者权益是维护监督体系稳定运行的必要条件。在营商环境监督中，监督者往往面临着各种压力和风险。因此，必须采取措施保护监督者的合法权益，防止他们因履行监督职责而受到打击报复或不公正待遇。这包括提供法律支持、确保监督者的人身安全和职业安全等。通过保护监督者权益，可以鼓励更多的人积极参与到监督工作中，提高监督的广泛性和有效性，进而推动营商环境的不断改善和优化。

（三）强化跨部门协同与信息共享

1. 构建信息共享平台

在优化营商环境的过程中，信息共享平台的构建尤为重要。这一创新举措不仅为政府各部门间搭建了一个高效的信息桥梁，也成为一种推动政务透明化、提升公共服务质量的有力工具。通过该平台，原本分散在各个部门的数据和资源得以集中整合，信息的实时更新与共享成为可能。这种整合不仅消除了"信息孤岛现象"，还大大提高了政府各部门之间的协同作战能力。各部门通过信息共享平台，快速、准确地获取到其他部门的相关信息，从而避免了重复的数据收集和整理工作，极大地提升了工作效率。由于信息的公开透明，公众和企业也能清晰地了解到政府决策的背后依据和过程，这会增强政府的公信力，让民众对政府的决策产生更多的信任感。此外，平台还能帮助政府及时发现潜在的问题和风险，为决策者提供有力的数据支持，确保营商环境的不断优化和改善。

2. 定期召开跨部门联席会议

定期召开跨部门联席会议实际上是为政府内部的不同部门搭建了一个高效的交流与协作平台。在这个平台上，各部门能够针对营商环境中遇到的各种复杂问题展开深入探讨，集思广益，共同寻求最佳解决方案。联席会议的召开，使得各部门有机会深入讨论、充分协商，最终达成共识，并形成统一的工作方案和行动计划。这不仅大大提高了政策执行的协同性和整体效率，还确保了各项政策得到有效落实，真正服务于营商环境的优化。联席会议在无形中促进了部门间的相互理解和信任。通过面对面的交流与沟通，各部门更加明确彼此的职责和目标，加强了团队合作，为营商环境的整体优化创造了极为有利的条件。

二、制定科学的评估指标体系

（一）明确评估目标与原则

1. 确定评估目标

确定评估目标是构建评估指标体系的首要步骤。在着手制定这一体系之前，必须清晰地界定评估的具体目标。这些目标可能涉及多个方面，例如，衡量营商环境的便利性，即考察企业在开展业务时是否得到方便快捷的政府服务；评估效率性，也就是要看各项业务流程是否在最短时间内高效完成；或者是对政策执行情况的考量，检查相关政策是否得到了有效落实；还可以是企业满意度的评价，以了解企业对当前营商环境的整体感受。明确这些目标，有助于后续更有针对性地设计评估指标，从而确保评估工作的精准性和有效性。

2. 制定评估原则

在构建评估指标体系时，制定科学的评估原则至关重要。这些原则是指导整个评估过程的基本准则，必须确保评估具有科学性，即评估方法和指标要基于严谨的理论和实践依据，能够真实地反映营商环境的实际情况。评估需要保持客观性，避免主观偏见对评估结果的影响，确保所有评估都是公正无私的。可操作性也是一个重要原则，评估指标应该具有明确的定义和衡量标准，便于评估人员进行实际操作。全面性原则要求评估指标体系能够涵盖营商环境的各个方面，不留死角，从而得出全面而准确的评估结论。遵循这些原则，可以确保评估结果的准确性和公正性，为营商环境的优化提供有力支持。

（二）构建多维度评估指标

1. 政府服务效率指标

政府服务效率指标是衡量政府在营商环境中所提供服务的关键性评估标准。这一指标涵盖了政府审批流程的时长，即从企业提交申请到最终审批完成所需的时间长度，这直接关系到企业开展业务的效率。服务态度是该指标的重要组成部分，一个友好、积极的服务态度能够提升企业在办理各类事务时的体验。办事效率同样不容忽视，它体现了政府部门处理事务的速度和能力。综合来看，政府服务效率指标是评价政府工作效能、衡量营商环境优劣的重要依据。

2. 法规政策环境指标

法规政策环境指标对于评估营商环境具有重要意义。这一指标主要考察政策的稳定性，即政策是否频繁变动，给企业经营带来不确定性；政策的透明度，则体现在政策内容是否清晰明了，企业能否准确理解和执行；而政策的可预测性，关系到企业能否提前规划并应对未来可能的政策变化。这些因素共同影响着企业对营商环境的信心和长期投资意愿。通过评估企业对政策的满意度，可以进一步了解政策实施的效果，为政府提供有价值的反馈，促进政策的优化和完善。

3. 市场准入与退出指标

市场准入与退出指标主要考察企业进入新市场或行业的难易程度，如注册流程是否简便高效，以及企业在需要时能否顺利退出市场，如注销流程的便捷性。这些方面直接反映了市场机制的完善程度和对企业自主经营权的尊重。一个合理的市场准入与退出机制能够鼓励创新、促进竞争，从而推动整个市场的繁荣发展。

4. 税费负担指标

税费负担指标主要考察企业的税费负担是否合理，包括各种税率的设定及税收优惠政策的实施情况。合理的税费政策能够减轻企业负担，激发市场活力，促进经济发展。税费政策也是政府对企业进行扶持和引导的重要手段。通过评估税费负担指标，可以了解政府在税收方面对企业的支持力度，以及企业在当前税费政策下的实际负担情况。

5. 知识产权保护指标

在知识经济时代，知识产权的重要性日益凸显，其申请、保护和维权的效率与公正性直接关系到企业的创新动力和市场竞争力。一个良好的知识产权保护环境能够鼓励企业加大研发投入，推动技术创新和产业升级。因此，知识产权保护指标不仅反映了法制环境的完善程度，也是评价一个地区营商环境是否有利于创新发展的重要依据。

(三) 确立指标权重与评分标准

1. 设定指标权重

权重的分配直接影响到评估结果的准确性和公正性，因此必须根据各项指标在整个评估体系中的重要性和影响力来确定。对于关键性指标，如政府服务效率、市场准入与退出等，应赋予更高的权重，以体现其对营商环境优化的核心作用。权重的设定还需综合考虑地区特点、行业差异和企业需求，确保评估结果能够真实反映营商环境的实际情况。通过科学合理的权重分配，可以准确地评估营商环境的优劣，为政府决策提供有力依据。

2. 制定评分标准

评分标准是评估指标体系中的重要组成部分，它直接关系到评估结果的量化表达。在制定评分标准时，应遵循明确、具体、可操作的原则，确保评估人员能够依据标准对各项指标进行客观公正的评分。对于定量指标，如审批时长、税费负担等，应设定明确的数值范围和对应的分数段；对于定性指标，如服务态度、政策稳定性等，则需制定详细的评分标准，并尽可能采用量化方式进行评价。评分标准应根据实际情况进行动态调整，以适应营商环境的变化和发展需求。通过制定科学合理的评分标准，可以确保评估结果的客观性和准确性，为营商环境的优化提供有力支持。

（四）建立动态调整机制

1. 定期评估与反馈

为了确保评估指标体系的时效性和准确性，必须建立一套定期评估与反馈机制。这一机制要求定期对营商环境进行评估，以便及时发现问题并采取相应的改进措施。评估周期可以根据实际情况进行设定，如每季度、每半年或每年进行一次。评估过程中，应广泛收集企业、政府部门、行业协会等各方面的意见和建议，全面了解营商环境的实际状况。评估结束后，应及时将评估结果反馈给相关部门，并针对存在的问题提出具体的改进建议。通过定期评估与反馈，可以不断推动营商环境的优化，提高企业的满意度和市场的活力。

2. 及时修正与完善

评估指标体系不可能一成不变，随着经济社会的发展和营商环境的变迁，需要对其进行及时的修正与完善。在实施过程中，若发现某些指标已不适应当前形势或存在缺陷，应立即组织专家团队进行深入研究和讨论，对指标体系进行调整。同时，也要关注新的政策动向、市场变化和企业需求，确保评估指标体系能够全面、准确地反映营商环境的最新动态。修正与完善工作还应注重数据的分析和比对，确保新的指标体系更加科学、合理。通过及时修正与完善，评估指标体系能够始终保持其前瞻性和实用性，为营商环境的持续优化提供有力支撑。

三、定期开展营商环境评估

（一）评估规划与准备

1. 制订评估计划

制定详细的评估计划是定期开展营商环境评估的首要步骤。评估计划应明确评估的具体目标、范围、方法和时间表，以确保评估工作能够有序、高效地进行。在制订评估计划时，需要充分考虑营商环境的复杂性，合理设置评估指标，并确定评估的重点领域和关键环节。评估计划还应包含风险评估和应对措施，以应对可能出现的问题和挑战。通过制订周密的评估计划，可以为后续的评估工作奠定坚实的基础。

2. 组织评估团队

组织一个专业、高效的评估团队对于定期开展营商环境评估非常重要。评估团队成员应具备丰富的专业知识和实践经验，熟练掌握评估方法和工具，以确保评估结果的准确性和可靠性。在组建评估团队时，应注重团队成员的多样性和互补性，以便全面、客观地评估营商环境的各个方面。团队成员之间应建立良好的沟通和协作机制，共同应对评估过程中可能遇到的各种问题和挑战。

3. 收集基础资料

在定期开展营商环境评估之前，收集充分的基础资料是必不可少的环节。这些资料包括政策文件、法律法规、经济数据、市场调研报告等，它们为评估提供了重要的数据支持和参考依据。收集资料时，应注重资料的时效性、真实性和全面性，确保评估结果真实反映营商环境的最新动态和实际情况。同时，还应对收集到的资料进行整理和分析，提取出有价值的信息和数据，为后续的评估工作提供有力的支撑。

（二）实施现场评估

1. 深入企业调研

深入企业进行实地调研是了解营商环境真实状况的关键环节。评估团队应亲自走访各类企业，包括大型企业、中小型企业及创业公司，与企业负责人和员工进行深入交流。通过调研，可以直观地了解企业在经营过程中遇到的困难、挑战和需求，以及政策执行情况和市场环境对企业发展的影响。调研还能揭示企业在办理行政审批、缴纳税费、申请融资等方面的实际体验，为评估提供第一手资料，确保评估结果的客观性和准确性。

2. 政府部门访谈

通过对政府相关部门的访谈，评估团队可以获取政策制定和执行的内部视角，了解政府部门在优化营商环境方面的努力和成效。访谈中，应重点关注政策的透明度、执行力度、服务效率等方面，并探讨政策落实过程中存在的问题和障碍。政府部门访谈不仅有助于评估团队全面了解政府服务的质量和效率，还能为政府改进服务提供有针对性的建议。

3. 社会意见征集

社会意见征集是拓宽评估信息来源、增强评估结果代表性的重要手段。通过公开渠道，如问卷调查、网络征集等方式，广泛收集社会各界对营商环境的看法和建议。这些意见来自不同行业、不同规模的企业及普通市民，能够全面地反映营商环境的实际情况和社会期望。征集到的意见将为评估团队提供宝贵的参考，有助于发现被忽视的问题和需求，使评估结果更加全面和深入。

（三）数据分析与报告撰写

1. 数据整理与分析

评估团队需要对收集到的原始数据进行清洗、分类和归纳，确保数据的准确性和完整性。利用统计软件和专业分析工具，对数据进行深入剖析，揭示数据背后的规律和趋势。通过对比分析、关联分析等方法，发现数据之间的内在联系，为评估报告的撰写提供有力的数据支撑。这一步骤的严谨性和科学性直接关系到评估结果的可靠性和有效性。

2. 撰写评估报告

评估报告应详细阐述评估的过程、方法、发现及结论，并结合数据分析和实地考察的结果，对营商环境的各个方面进行客观公正的评价。报告中应包含具体的案例分析、问题剖析及改进建议，以便政府和企业清晰地了解营商环境的现状和未来改进的方向。撰写评估报告时，需要注重逻辑性、条理性和可读性，确保报告内容易于理解和接受。

3. 报告审核与发布

在报告正式发布前，应组织专家团队对报告内容进行严格审核，确保数据的真实性、分析的准确性和建议的可行性。审核过程中，需要对报告中的关键数据、结论和建议进行反复推敲和验证，避免误导和歧义。审核通过后，应选择合适的渠道和时间点进行发布，以最大限度地扩大报告的影响力和传播范围。发布后，还应及时收集反馈意见，为后续的营商环境优化提供参考。

（四）评估结果应用与改进

1. 结果反馈与讨论

通过组织专题讨论会、座谈会等形式，邀请政府、企业、行业协会等各方代表共同参与，深入讨论评估中发现的问题和不足。这一环节旨在促进信息共享和沟通交流，帮助各方全面理解评估结果，并就如何改进营商环境达成共识。结果反馈与讨论的过程不仅有助于增强评估结果的透明度和公信力，还能为后续的改进工作奠定良好的基础。

2. 制订改进计划

改进计划应明确改进目标、具体措施、责任主体和实施时间表，确保改进工作有的放矢、可操作性强。在制订改进计划时，需要充分考虑资源的合理配置和实施的可行性，避免盲目行动和资源浪费。通过制订切实可行的改进计划，可以推动营商环境的持续优化，进而提升区域竞争力和市场活力。

3. 跟踪监督与评估

改进计划的实施需要持续的跟踪监督和定期评估来确保其有效执行。通过建立监督机制，对改进计划的实施情况进行定期检查，及时发现问题并督促整改。定期开展评估工作，对比改进前后的变化，衡量改进成效，为后续的调整和优化提供依据。跟踪监督与评估的过程是一个动态循环的过程，旨在确保改进工作取得实效，并持续推动营商环境的优化升级。

四、强化监督结果的应用与反馈

（一）监督结果的深入分析

1. 数据解读与评估

在收集到大量监督数据后，需要运用专业的数据分析方法，对这些数据进行细致的解读。通过对比历史数据和行业标准,可以评估当前监督结果的优劣,以及是否存在异常情况。数据解读能够帮助发现数据之间的关联性和趋势,从而准确地理解监督结果所反映出的整体状况。评估过程中,还应注重数据的客观性和真实性,确保分析结果的可靠性,为后续的策略制定提供坚实的数据基础。

2. 问题诊断与定位

通过对监督数据的仔细剖析,能够发现潜在的问题和异常情况。进一步分析需要运用专业知识和实践经验,准确诊断这些问题的成因和影响。定位问题发生的具体环节和部门也是必不可少的步骤,这有助于明确责任归属,为后续的问题解决提供明确的方向。通过精确的问题诊断与定位,可以有针对性地制定改进措施,从而提升监督工作的效率和效果。

(二) 监督结果的策略性应用

1. 完善政策与流程

监督结果不仅揭示了现有政策和流程中存在的问题,也为完善这些政策和流程提供了重要依据。通过深入分析监督数据,可以发现政策执行中的盲点和不足,从而对其进行针对性的调整和优化。例如,如果监督结果显示某项政策在实际操作中难以落地,就需要对该政策进行重新审视,找出其不合理或不可行之处,并进行相应的修改。监督结果还可以用来优化工作流程,减少不必要的环节和耗时,提高工作效率。通过这种方式,监督结果的策略性应用能够推动政策和流程的不断完善,进而提升整体的管理效能。

2. 指导实践与决策

监督结果的另一重要应用是指导实践与决策。通过定期分析监督数据,可以了解各项工作的实际执行情况,从而及时调整实践策略,确保工作沿着正确的方向进行。监督结果还能为管理层的决策提供有力的数据支持。在面临重要决策时,管理层可以参考监督结果中反映出的趋势和问题,做出更加明智和科学的决策。例如,在资源分配、项目选择等问题上,监督结果可以帮助管理层更加客观地评估各种方案的优劣,从而做出最有利于组织发展的决策。这样，监督结果不仅指导了具体实践，还为战略层面的决策提供了重要依据。

（三）监督结果的实时反馈

1. 建立快速反馈机制

为了确保监督结果能够迅速转化为实际行动，建立快速反馈机制至关重要。这一机制需要明确反馈的流程、责任人和时间节点，确保信息在第一时间传达给相关部门。当监督发现问题时，快速反馈机制能确保这些问题得到及时关注和处理，防止问题积压或恶化。快速反馈机制还能提升组织的响应速度和灵活性，使其更好地适应外部环境的变化。通过这种方式，组织可以持续优化自身运营，保持竞争力。

2. 促进部门间沟通与协作

实时反馈监督结果能有效促进部门间沟通与协作。当监督结果揭示出跨部门的问题或挑战时，相关部门需要共同协作，寻找解决方案。这种跨部门的沟通与协作不仅能解决问题，还能加强部门间的联系和理解，打破"信息孤岛现象"。通过共同面对和解决问题，各部门形成更紧密的合作关系，提升了整个组织的执行力和创新能力。因此，实时反馈监督结果对于促进部门间沟通与协作具有积极意义。

（四）监督结果的持续改进

1. 定期回顾与总结

通过定期审视过去的监督数据和发现的问题，可以深入了解组织在不同阶段面临的挑战和取得的进步。这种回顾不仅有助于评估现行监督措施的有效性，还能揭示出潜在的问题和改进空间。在总结过程中，应详细记录成功经验和失败教训，以便为未来的监督工作提供宝贵的参考。通过这种方式，组织能够不断优化其运营策略，提升整体绩效，并确保监督工作的连续性和针对性。

2. 持续优化监督机制

监督机制是确保组织高效、规范运行的重要保障。随着组织内外环境的变化，原有的监督机制可能逐渐暴露出不足和局限性。为了保持其有效性和适应性，需要不断地根据监督结果进行调整和完善。这包括更新监督标准、改进监督方法、提升监督技术的先进性，以及加强监督人员的培训和能力提升等。通过持续优化监督机制，组织可以精准地识别风险和问题，及时采取有效的改进措施，从而推动整个监督体系的不断升级和完善。这不仅有助于提升组织的管理水平，还能为组织的长期发展奠定坚实的基础。

第七章　高质量发展背景下企业成长的营商环境优化建议

第一节　充分发挥激励机制的作用

一、建立多元化的激励机制体系

（一）构建多层次的激励框架

1. 物质激励层面

在物质激励层面，企业应该着重考虑提供具有市场竞争力的薪资待遇。这不仅是吸引和留住人才的重要手段，也是对员工付出努力的基本认可。除了基础薪资，设立绩效奖金、年终奖金等物质奖励也非常重要。这些奖励能够直接反映员工的工作成果，让员工感受到自己的付出得到了应有的回报。通过这种方式，企业不仅可以满足员工的基本生活需求，也能有效地激发其工作动力，促使员工更加投入地工作，为企业创造更大的价值。

2. 精神激励层面

精神激励层面对于员工的工作积极性和满意度具有重要影响。通过定期表彰优秀员工，企业可以树立榜样，激励其他员工向优秀员工看齐。颁发荣誉证书等方式能够让员工感受到自己的工作得到了企业的认可和尊重，满足其自尊心和荣誉感。这种精神上的满足和激励，可以提升员工的工作满意度和归属感，使其更加忠诚于企业，并愿意为企业的发展贡献自己的力量。

3. 职业发展激励层面

在现代职场中，员工越来越注重个人的职业发展和成长空间。因此，企业为员工提供广阔的职业发展空间和晋升机会尤为重要。通过设立明确的晋升通道，企业可以让员工看到自己在企业中的未来发展方向和目标。鼓励员工不断提升自身能力，不仅有助于员工实现个人价值，也能为企业培养更多高素质、高能力的人才。这种职业发展激励层面的措施，可以有效激发员工的上进心和学习动力，促进企业与员工的共同发展。

（二）确保激励机制的全面覆盖与差异化实施

1. 全面覆盖

为了确保企业内每位员工都能得到适当的激励，激励机制必须全面覆盖企业内的各个部门和岗位。这意味着无论是前台接待、销售团队、技术研发，还是后勤支持等，每个部门和岗位的员工都被纳入激励机制的范畴。通过确保每位员工都能享受到与其工作表现相匹配的激励措施，企业可以有效地提升整体的工作积极性。这种全面性的激励策略不仅有助于构建一个公平、公正的工作环境，还能增强员工的归属感和团队精神，从而推动企业的整体发展。

2. 差异化实施

在实施激励机制时，企业应考虑到不同部门、岗位和员工的特点与需求差异。因此，制定差异化的激励方案十分重要。例如，对于销售岗位的员工，由于其工作性质侧重于业绩和销售量，所以可以设立销售提成和业绩奖金，以便激励他们提高销售业绩。而对于技术岗位的员工，他们注重技术创新和研发成果，因此可提供技术研发成果奖励和专利申请奖励等，以鼓励他们进行更多的技术创新。这种差异化的激励方式能够精准地满足不同员工的需求，从而提高激励效果，促进员工的个人成长和企业的整体发展。

二、实施差异化的激励策略

（一）根据岗位特性定制激励方案

1. 销售岗位激励

为了激发销售人员的积极性和主动性，可以设立明确的销售目标，并根据销售额或利润给予一定比例的提成。这种提成机制能够让销售人员感受到自己的努力与收益之间的紧密联系，从而更加投入地工作。还可以设立额外的销售奖励，如最佳销售员、销售冠军等荣誉，以及提供旅游、培训等非物质奖励，进一步丰富销售人员的激励体系，让他们在追求销售业绩的同时，也能实现个人价值的提升。

2. 技术研发岗位激励

技术研发人员是企业的核心竞争力。企业可以提供研发成果奖和技术创新奖，对取得杰出研发成果或实现重大技术突破的团队或个人进行表彰和奖励。这种奖励机制不仅能够让研发人员感受到自己的价值被认可，还能促使他们持续投入研发工作，为企业创造更多的技术成果。为了保障研发工作的顺利进行，企业还应提供充足的研发资源和支持，包括先进的研发设备、专业的技术指导和充足的研发资金等。

3. 管理岗位激励

管理岗位在企业中扮演着举足轻重的角色，他们的管理水平和创新能力直接影响到企业的运营效率和团队凝聚力。为了激励管理人员提高团队协作效率和创新能力，可以设立管理创新奖和团队建设奖。这些奖项可以表彰那些在管理模式、团队协作等方面做出杰出贡献的管理者，激发他们的创新思维和团队协作精神。企业还可以为管理人员提供更多的培训和发展机会，使他们不断提升自己的管理能力和领导才能，从而更好地服务于企业和团队。

（二）考虑员工个性化需求与偏好

1. 了解员工需求

为了制定更符合员工需求的激励措施，深入了解员工的职业发展规划和个人兴趣是必不可少的环节。通过与员工进行面对面的沟通，或者利用问卷调查等方式，企业可以收集到员工对于自身职业发展的期望、对工作的满意度，以及对未来职业路径的设想等信息。这些信息不仅有助于企业全面地了解员工，还能为制定个性化的激励措施提供有力支持。例如，对于希望进一步提升技能的员工，企业可以提供相关的培训课程；对于有志于管理岗位的员工，可以提供更多的领导力和管理技能培训。

2. 灵活调整激励方式

员工的需求和偏好是多样化的，因此，企业在实施激励策略时需要保持灵活性。根据员工的个性化需求和偏好来调整激励方式，可以有效地提升员工的工作满意度和忠诚度。例如，对于渴望个人成长的员工，提供内外部的培训机会是一个很好的激励；对于看重职业发展的员工，明确的晋升通道和机会将更具吸引力；而对于需要平衡工作与生活的员工，提供弹性工作时间或远程工作的可能将是一个不错的选择。

三、加强激励机制的公平性与透明度

（一）确保激励机制的公平性

1. 统一激励标准

为了确保激励机制的公平性，企业必须建立并执行统一的激励标准。这意味着，不论员工的背景、资历或其他非工作相关因素如何，只要他们担任相同的岗位并承担相同的职责，就应该按照相同的标准来获得激励。通过制定明确的、量化的激励标准，如销售额目标、项目完成质量等，企业可以确保每位员工的努力和贡献得到公正的评价和相应的回报。这样做不仅能有效避免人为造成的不公平现象，还能激发员工的积极性和工作热情，因为他们知道，只要达到标准，就能获得应有的认可和奖励。

2. 公开评审过程

公开涉及员工激励的评审和决策过程，是增强激励机制公平性和公信力的重要手段。企业应该让员工清楚地了解评选的依据、标准和过程，以便他们对自己的工作表现有一个明确的预期，并据此调整自己的工作方向和目标。通过公开评审，企业可以营造一个公正、透明的工作环境，让员工感受到自己的努力和贡献得到了公正的评价。这也有助于提升员工的归属感和忠诚度，因为他们知道自己的付出不会被忽视或埋没。

3. 监督与申诉机制

为了确保激励机制的公正性，企业需要建立有效的监督机制和申诉渠道。监督机制可以确保激励措施在执行过程中不出现偏差或不当行为，而申诉渠道则可以为员工提供一个表达不满和寻求公正的平台。当员工对激励结果产生疑虑或不满时，他们可以通过申诉渠道提出异议，并得到及时、公正的处理。这种机制不仅能够维护员工的合法权益，还能促进企业内部的和谐与稳定。通过处理员工的申诉，企业也可以及时发现并纠正激励机制中存在的问题和不足，从而不断完善和优化激励体系。

（二）提高激励机制的透明度

1. 明确激励政策

企业应制定一套清晰、具体的激励政策，并通过内部通讯、员工手册或公告板等方式向全体员工进行公示。这样的政策应详细列出激励的具体条件和标准，包括但不限于奖励的种类、评选的周期、评选的标准及奖励的发放方式等。明确的激励政策可以让员工清楚地知道自己的工作目标和努力方向，也能确保激励的公正性和透明度，从而激发员工的工作积极性和创造力。

2. 及时公开激励信息

每当进行员工激励时，信息的及时公开很重要。企业应通过内部网站、公告或邮件等方式，及时将获奖员工的名单、获奖理由，以及奖励内容等详细信息向全体员工公布。这样做不仅可以增强激励的透明度，让员工感受到企业的公平和公正，还能提升获奖员工的荣誉感和归属感。这种公开透明的做法也有助于激励其他员工向榜样学习，形成良好的竞争氛围。

3. 建立信息共享平台

为了提高激励机制的透明度，企业可以建立一个内部信息共享平台，专门用于发布与激励相关的动态和信息。这个平台可以是一个内部网站或者 App，定期更新激励政策、评选进展、获奖情况等内容。员工可以随时登录平台查看最新信息，了解激励的实施情况，并能及时反馈自己的意见和建议。通过信息共享平台，企业能够更好地与员工进行沟通和互动，确保激励机制的公开、公平和公正。这也有助于提升员工的工作满意度和参与度，推动企业的持续发展。

四、将激励机制与企业战略相结合

（一）激励机制与企业战略的协同效应

1. 明确企业战略方向与目标

在日益激烈的市场竞争中，企业必须首先明确自身的战略方向和发展目标。这不仅涉及市场定位的选择，还包括对产品创新的追求，以及对渠道拓展的规划。明确战略方向能够为企业提供清晰的行动指南，而具体的发展目标有助于量化企业的成长和进步。通过深入研究市场趋势、分析消费者需求，并结合企业自身的资源和能力，企业可以制定出既符合市场规律又体现自身特色的战略方向与目标，为未来的持续发展奠定坚实的基础。

2. 激励机制与战略对接

为了确保员工的努力方向与企业战略保持一致，激励机制的设计必须与企业战略紧密结合。企业应根据既定的战略方向，制定相应的激励政策，以激发员工为实现企业战略目标而努力工作的积极性。例如，对于以市场扩张为主要战略的企业，可以设立基于市场拓展成果的奖励机制，鼓励销售团队积极开拓新市场、新客户。这样，员工的个人利益与企业的整体利益紧密相连，共同推动企业朝着既定的战略目标前进。

3. 协同推动企业发展

激励机制在企业战略实施中发挥着重要的引导作用。通过合理的激励机制，激发员工的积极性和创造力，促使他们在实现企业战略目标的过程中发挥更大的作用。当员工明确知道自己的工作与企业的长远发展紧密相连时，他们有可能投入更多的热情和精力。这种协同努力不仅有助于企业更快地实现战略目标，还能形成企业与员工共同发展的良性循环。在这种氛围中，企业能够持续创新、不断进步，员工也能在职业发展道路上取得更多的成就。

（二）建立战略导向的激励机制

1. 设定战略绩效指标

为了确保激励机制与企业战略紧密相连，企业需要根据自身的战略来设定具体的绩效指标。这些指标应该直接反映企业战略的核心要素，如销售额增长可以体现企业在市场拓展方面的战略，客户满意度提升则反映了企业在客户服务和产品质量方面的战略。通过将这些战略绩效指标纳入激励机制，企业可以确保员工的工作重点和努力方向与企业的战略目标保持一致。

2. 多样化激励手段

企业战略的实施需要员工的积极投入和创新思维。股权激励可以将员工与企业的长期利益绑定在一起，增强员工的归属感；项目奖金可以激励团队在短时间内集中力量完成关键项目；晋升机会则鼓励员工不断提升自己的能力和职位，从而更好地为企业战略服务。通过结合多种激励手段，企业可以全面地激发员工的积极性和创造力，推动企业战略的实施。

3. 持续调整与优化

企业应该定期评估现有激励机制的有效性，并根据企业战略和市场环境的变化做出相应的调整。例如，当企业战略从市场拓展转向产品创新时，激励机制也应该加大对创新成果的奖励力度。通过持续调整和优化，企业可以确保激励机制始终与企业战略保持同步，最大限度地发挥激励作用，推动企业不断向前发展。

五、注重长期激励与短期激励的平衡

（一）理解长期激励与短期激励的重要性

1. 长期激励

长期激励对于企业的持续发展和员工的长远规划具有关键作用。长期激励旨在建立员工与企业之间的长期合作关系，鼓励员工将个人职业规划与企业长远发展紧密结合。通过提供如员工持股计划、退休金计划等长期激励措施，企业能够激发员工的长期投入和忠诚度，使他们更加关注企业的长期利益。这种长期激励机制有助于企业构建稳定的员工队伍，提升企业的整体竞争力。

2. 短期激励

短期激励侧重于激发员工的即时工作热情和提升短期业绩。在短期内，企业可能需要快速响应市场变化、抓住市场机遇，此时短期激励就变得尤为重要。通过设立如项目奖金、销售提成等短期激励措施，企业能够迅速激发员工的工作积极性和创造力，促使他们在短期内取得优异业绩。这种短期激励机制有助于企业快速应对市场变化，提升短期内的竞争力。

3. 灵活应对市场变化

在快速变化的市场环境中，企业需要灵活应对各种挑战和机遇。长期激励和短期激励的结合能够为企业提供更全面的应对策略。长期激励有助于企业构建稳定的员工队伍和企业文化，为企业的长期发展奠定基础；而短期激励能够快速激发员工的工作热情和创造力，帮助企业抓住市场机遇、应对市场变化。因此，企业在制定激励机制时，需要充分考虑市场环境和自身需求，灵活运用长期激励和短期激励手段，以实现企业的可持续发展。

（二）构建平衡的长期与短期激励机制

1. 设计合理的激励组合

构建平衡的长期与短期激励机制首先需要设计合理的激励组合。企业应综合考虑企业战略、员工需求和市场环境，制定出一套既包含长期激励又包含短期激励的综合性方案。这种组合可以包括股权激励、退休金计划等长期激励措施，以及项目奖金、销售提成等短期激励措施。通过精心设计的激励组合，企业能够确保员工既关注企业的长期发展，又能够积极投入短期工作，实现个人与企业的共赢。

2. 平衡激励力度

企业需要根据员工的实际贡献、能力和潜力，以及企业的实际情况和市场环境，合理设置长期与短期激励的力度。过度强调某一方面的激励可能会导致员工忽视其他重要方面，影响企业的整体发展。因此，企业需要在激励力度的设置上保持平衡，确保员工既能够获得应有的回报，又能够保持对工作的热情和投入。

3. 灵活调整激励方案

随着企业发展和市场环境的变化，长期与短期激励机制也需要随之进行调整和优化。企业应密切关注市场变化、员工需求和业绩情况，及时调整激励方案，确保激励措施的有效性和适应性。这种灵活调整可以包括激励力度的调整、激励方式的改进及激励周期的调整等。通过灵活调整激励方案，企业能够确保长期与短期激励机制始终与企业战略和市场环境保持同步，最大限度地发挥激励的作用。

4. 强化长期激励的引导作用

企业应通过设立长期奖励计划、营造长期文化氛围等方式，鼓励员工关注企业的长期发展。长期激励的引导作用不仅能够帮助企业构建稳定的员工队伍，还能够激发员工的持续创新力，推动企业在技术、市场等方面的不断进步。因此，在激励机制的设计中，企业应注重长期激励的引导作用，确保员工与企业共同实现长期发展目标。

第二节　促进金融服务创新，缓解企业融资难题

一、金融服务创新的策略与实践

（一）金融科技在金融服务创新中的应用

1. 人工智能与大数据驱动的信贷决策

随着人工智能和大数据技术的突飞猛进，金融服务行业正经历着翻天覆

地的变革。在信贷决策这一核心领域，这些技术的融合运用正逐渐重塑传统模式。大数据的广泛收集与深入分析使得金融机构能够洞悉借款人的详尽信用历史、经营动态乃至整个市场环境的变化趋势。通过深度挖掘这些数据，金融机构能够精准地评估借款人的还款能力和潜在风险，从而制定出科学合理的信贷策略。人工智能算法的引入进一步提升了信贷决策的智能化水平。这些算法能够实时处理海量的数据信息，快速识别出潜在的信用风险点，为金融机构提供及时的风险预警和防控建议。这种基于人工智能和大数据的信贷决策模式，不仅大幅提升了信贷审批的效率和准确性，还为企业融资提供了更加便捷、高效的途径。通过精准的数据分析和智能化的决策支持，金融机构能够更好地满足企业的融资需求，推动金融市场的繁荣与发展。

2. 区块链技术在金融交易中的应用

区块链技术凭借其独特的去中心化、不可篡改和透明可追踪等特性，正逐渐成为金融领域的关键技术之一。这种技术通过将交易数据分散存储在多个节点上的分布式账本中，确保了金融交易的安全性和可信度，消除了单点故障的风险。在跨境支付领域，区块链技术展现出显著的优势。传统的跨境支付流程烦琐，涉及多个中间机构和复杂的清算系统，导致成本高、时间长。而区块链技术通过构建一个去中心化的支付网络，实现了支付流程的简化，降低了跨境交易的成本和时间，使资金能够更快速、更便捷地流动。这不仅为企业提供了高效的跨境金融服务，还促进了全球贸易的便利化。区块链技术提高了交易的透明度和可追溯性。所有交易数据都被记录在分布式账本中，并且任何修改都需要经过网络中的多数节点同意，这使得欺诈和洗钱等风险大大降低。金融机构可以实时监控交易数据，及时发现异常情况并采取措施，确保金融市场的稳定和健康发展。区块链技术也为监管机构提供了更加便捷高效的监管手段，有助于提升金融市场的整体监管水平。

3. 移动支付与电子银行服务的推广

移动支付和电子银行服务的迅速普及，正在重塑整个金融服务的生态格局。这种变革不仅改变了消费者的支付习惯，也为企业带来了前所未有的便利。借助智能手机等移动设备，用户可以轻松实现转账、支付和理财等金融操作，无须再受传统银行营业时间、地点的限制。这种便利性的提升，让金融服务变得更加触手可及，满足了用户对于金融服务随时随地、即时性的需求。对于企业而言，移动支付和电子银行服务同样带来了诸多便利。企业可以通过电子银行平台，快速完成贷款申请、票据贴现等融资操作，有效缩短了资金周转的时间，提高了运营效率。利用移动支付工具，企业可以方便地进行货款支付、员工工资发放等日常经营活动，大大减少了现金管理和交易的复杂性。这种便捷高效的金融服务方式，不仅降低了企业的运营成本和时间成本，还为企业的发展提供了有力支持。企业可以灵活地管理资金，优化财务结构，提升市场竞争力。移动支付和电子银行服务还为企业提供了更多的金融服务选择，满足了企业多样化的金融需求。

（二）产品与服务创新

1. 定制化金融产品满足企业多样化需求

在竞争激烈的市场环境中，企业经营模式的多样化趋势愈加明显，这要求金融服务必须与之同步创新。传统的金融产品，尽管在过去的服务中发挥了重要作用，但如今已难以完全匹配企业日益增长的个性化需求。金融机构作为市场的关键参与者，有责任也有动力去不断创新金融产品，以满足企业客户的独特需求。定制化金融产品正是这一创新思路下的产物，它意味着金融机构将不再提供"一刀切"的金融服务，而是深入了解企业的业务模式、财务状况、风险承受能力等因素，从而量身定制符合其经营特点的金融产品。这种定制化的金融产品包括但不限于融资方案、投资策略、保险计划等，它们不仅能够精准匹配企业的实际需求，还能根据市场变化和企业发展情况进行灵活调整。这种创新不仅有助于金融机构提升服务质量和客户满意度，还能进一步加深与企业之间的合作关系，实现双方的共赢。这也将推动整个金融市场的创新和发展，为经济社会的繁荣稳定贡献力量。

2. 简化金融服务流程，提高服务效率

金融服务领域的烦琐流程和低效问题，长期以来都是企业获取资金支持的阻碍。为了突破这一瓶颈，金融机构必须积极应对，致力于优化和简化服

务流程，从而提升服务效率。优化贷款审批流程是其中一项关键举措。通过引入智能化审批系统，金融机构能够减少人工干预，缩短审批时间，确保贷款申请在最短时间内得到处理。这不仅提高了审批效率，也增强了企业客户的信任感。缩短资金到账时间同样重要。金融机构应加快内部资金流转速度，提高资金利用效率，确保企业及时获得所需资金。这有助于企业迅速应对市场变化，抓住发展机遇。提高在线服务响应速度是优化服务流程的重要手段。金融机构应不断完善在线服务平台，确保企业随时随地获取金融服务，及时解决问题。这不仅能够提升客户体验，还能够增强金融机构的市场竞争力。通过简化金融服务流程和提高服务效率，金融机构为企业提供更加便捷、高效的金融支持，降低企业的融资成本和时间成本，进而提升企业的融资效率和竞争力。

3. 推出新型担保和融资模式

面对企业融资的复杂挑战，金融机构应积极寻求创新，以开拓新型的担保和融资模式。这些新模式旨在为企业提供更加多样化和灵活的融资渠道，从而帮助企业突破资金瓶颈。在融资方式上，金融机构可以推广应收账款融资、存货融资，以及知识产权质押融资等新型模式。应收账款融资允许企业以其应收账款为抵押，快速获取流动资金，缓解现金流压力。存货融资则基于企业存货的价值进行融资，使企业的存货能够转化为流动资金。知识产权质押融资则为拥有创新技术的企业提供了融资渠道，将知识产权转化为实际资金。在担保方式上，金融机构可以推出信用担保和联合担保等新型模式。信用担保通过评估企业的信用状况，为企业提供无抵押的融资支持，降低企业的融资门槛。联合担保则由多个担保机构或企业共同为某一企业融资提供担保，分散风险，增强金融机构的贷款意愿。这些新型担保和融资模式的推出，不仅丰富了企业的融资渠道，降低了融资成本和风险，也促进了金融机构与企业之间的深度合作，有助于推动经济的持续健康发展。

二、监管环境优化

（一）完善金融监管法规，保障市场稳定

在维护金融市场稳定与健康发展的道路上，政府扮演着至关重要的角色。

为此，必须持续完善金融监管法规体系，确保金融机构的运作规范透明。这些法规不仅要界定金融机构的法定业务范围，还要明确风险管理和内部控制的标准，确保金融机构在追求盈利的同时，能够有效防范风险。法规应详尽规定信息披露要求，保障市场信息的公开透明，防止信息不对称导致的市场失序。随着金融市场的不断变化和金融科技的创新发展，金融监管法规也需与时俱进。政府应密切关注市场动态，及时更新和修订监管法规，确保法规紧密贴合市场实际，为金融市场的健康发展提供有力保障。通过不断完善金融监管法规体系，政府能够有效防范金融风险，保护广大投资者的合法权益，为金融市场的长期稳定发展奠定坚实的基础。

（二）建立容错机制，鼓励创新试错

在推动金融服务创新的征程上，政府不仅要为金融机构提供动力，还需为其构建一道安全屏障——容错机制。这一机制的核心是为创新活动提供一定的试错空间，鼓励金融机构在遵守法规的前提下，敢于挑战传统，勇于尝试新领域。具体来说，容错机制应包括合理的风险容忍度，这意味着在创新过程中，即便出现了预期之外的损失，只要符合风险管理的规范，就不应该过分追究责任。政府还可以为具有潜力的创新项目提供资金支持，以减轻金融机构的经济压力，使其更加专注于研发和应用。对于创新失败的项目，政府也应提供一定的保护，如通过法律手段保障项目参与者的权益。这样的容错机制不仅激发了金融机构的创新活力，还有助于降低创新过程中的风险，保护投资者的利益。在这样的环境下，金融机构将更有动力去探索新的业务模式和技术应用，推动金融服务向更高层次发展。

（三）加强跨部门协作，形成监管合力

金融监管的复杂性和广泛性要求不同部门和领域之间必须紧密合作，以确保监管的全面性和有效性。为了实现这一目标，政府应当构建一个健全的金融监管协调机制，将各个相关部门纳入其中，确保在制定和执行金融监管政策时能够形成统一的立场和行动。这种跨部门协作的重要性在于，它能够

促进不同部门之间的信息共享和资源整合。通过加强与其他部门的沟通与合作，金融监管机构可以全面地了解市场动态和风险情况，从而制定更加精准和有效的监管策略。同时，与行业协会和金融机构等市场主体的沟通交流也至关重要，它们作为市场的直接参与者，能够提供一手的市场信息和行业趋势，有助于金融监管机构及时发现问题并采取措施。这种跨部门协作不仅提升了金融监管的整体效能，还保护了金融市场的稳定和健康发展。在当今日益复杂的金融环境中，只有形成监管合力，才能有效应对各种金融风险和挑战。

三、企业融资难题的缓解路径

（一）拓宽融资渠道，降低融资成本

1. 发展多层次资本市场，支持企业直接融资

为了拓宽企业的融资渠道并降低融资成本，政府需将发展多层次资本市场作为重要战略。这一战略旨在构建一个更加全面、灵活的金融市场结构，以适应不同规模和发展阶段企业的多样化融资需求。具体而言，政府应首先完善主板市场，确保市场稳定、透明，吸引大型企业在此融资。推动创业板和新三板市场的发展，为初创企业、中小型企业提供更便捷的融资渠道。政府还应积极探索区域性股权交易市场的建设，促进地方经济发展，帮助当地企业更好地对接资本市场。通过这一战略的实施，政府能够优化市场准入机制，简化企业上市流程，降低上市门槛，使更多具有潜力的企业能够顺利进入资本市场，获得直接融资的机会。这不仅降低了企业的融资成本，还有助于提升整个市场的活力和竞争力，推动经济的持续健康发展。

2. 推动债券市场发展，增加企业债券发行规模

债券市场作为企业融资的关键渠道，对于推动经济增长和企业发展具有不可或缺的作用。为了充分发挥债券市场的融资功能，政府应持续推动其深入发展。这包括进一步完善债券发行制度，通过减少行政干预、优化审批流程，切实降低企业债券发行的门槛和成本。简化发行流程，能减少企业的时

间成本和资金占用，使其高效地筹集到所需资金。政府还需加大债券市场的监管力度，确保市场规范运行，保护投资者的合法权益。建立健全的信息披露制度，提高市场的透明度，让投资者能够基于真实、准确的信息做出投资决策。对于市场中的违法违规行为，政府应依法严惩，维护市场秩序和公信力。通过这些措施，债券市场将为企业提供更便捷、低成本的融资渠道，进一步降低企业的融资成本，提高资金使用效率，从而有力支持企业的健康、可持续发展。

3. 鼓励金融机构开展供应链金融、应收账款融资等业务

供应链金融和应收账款融资作为现代金融领域的创新融资工具，为企业提供了前所未有的融资便利。政府应积极倡导金融机构将这些业务模式融入日常服务中，为企业提供更加贴合实际需求的融资解决方案。金融机构通过与供应链上下游企业的紧密合作，可以深入了解企业的运营模式和资金流动情况，从而为企业提供定制化的融资产品。这不仅有助于降低企业的融资成本，还能提高资金的使用效率，使资金精准地流向企业的关键环节。应收账款融资作为一种有效的融资方式，能够帮助企业快速将应收账款转化为现金，从而缓解资金压力。这种融资方式不仅操作简便，而且成本相对较低，对于解决企业短期资金缺口具有显著效果。

（二）加强信用体系建设，提升企业融资能力

1. 完善企业信用信息征集、评价和应用机制

为了构筑坚实的企业信用体系，政府的首要工作就是打造一个完备的企业信用信息管理框架。具体而言，这包括构建一个全面覆盖、准确可靠、更新及时的企业信用信息数据库。政府应协调各部门、各领域，将分散的信用信息集中整合，形成一个统一的企业信用信息视图。在此基础上，政府需制定一套科学、严谨的信用评价标准和方法，这些标准应基于数据驱动，确保评价结果的客观性和公正性，不受主观因素的影响。通过这样的评价标准，企业信用的真实状况将被精准地呈现出来，为市场参与者提供有利的参考。

在应用层面，政府应鼓励金融机构、商业伙伴等市场主体在业务决策中充分利用这一企业信用信息体系。通过参考这些信用信息，市场主体可以降低信息不对称的风险，准确地评估企业的信用状况，从而提高融资效率和成功率，进一步推动市场经济的健康发展。

2. 推广信用保险和担保业务，降低企业信用风险

为了有效降低企业的信用风险，政府需加大力度推动信用保险和担保业务的发展。信用保险作为一种风险管理工具，能够为企业提供重要的风险保障。当企业无法履行其合同义务时，信用保险可以提供必要的经济补偿，从而减轻金融机构因信贷违约而遭受的损失。政府应积极鼓励担保机构参与到企业融资担保的行列中。这些担保机构通过为企业提供融资担保服务，可以分担金融机构的信贷风险，进而减轻企业的融资压力，使其更容易获得所需的资金支持。为了实现这一目标，政府可以出台一系列支持政策，如提供税收优惠、资金补贴等，以激发信用保险和担保机构的积极性和创造性。政府还需加强监管，确保这些业务能够规范运作，防止市场出现乱象，保护投资者和消费者的合法权益。

3. 加强企业诚信教育，营造良好的信用环境

在提升企业融资能力的道路上，企业诚信教育十分重要。政府应当肩负起这一重任，通过举办各类企业诚信教育活动，向企业普及信用知识，使其深刻认识到诚信经营的重要性。这些活动不仅限于讲座和研讨会，还可以结合案例分析和实地考察，让企业在实践中感受到诚信带来的实际利益。政府应设立诚信企业表彰机制，对长期坚守诚信原则、履行社会责任的企业给予表彰和奖励，树立行业典范。相反，对于失信企业，政府应坚决予以曝光，让失信行为无处遁形，形成"一处失信，处处受限"的惩戒机制。为了营造浓厚的诚信氛围，政府还应与媒体、社会组织等各界力量紧密合作，共同推动诚信文化的建设。通过广泛宣传诚信理念，倡导全社会形成守信光荣、失信可耻的共识，为企业融资创造一个健康、诚信的市场环境。

第三节　加强产学研合作，推动企业技术创新

一、构建产学研合作平台，促进资源共享

（一）平台建设目标

构建产学研合作平台的首要目标，是为了深化资源共享，进而实现产学研三方的长期互利共赢。这一平台不仅是一个简单的桥梁，也是一个高效、灵活的纽带，它精准地连接了高校的理论研究、科研机构的创新突破及企业的市场应用。通过这一平台，高校的前沿知识得以迅速转化为实际应用，科研机构的创新成果能够找到理想的合作伙伴，而企业则能获取到宝贵的技术支持和人才资源。这样的深度合作模式，将极大地推动科技创新的速度，为产业升级提供源源不断的动力，从而增强我国在全球产业链中的核心竞争力。该平台还注重可持续发展，强调合作成果的社会价值和长远影响。通过确保每一项合作都遵循绿色、可持续的原则，该平台致力于为社会带来积极深远的影响，让科技的力量真正造福于全人类。

（二）平台组织架构

产学研合作平台的组织架构设计旨在最大化地发挥各方的优势并实现高效协作。在平台中，一个核心的管理机构负责统筹全局，包括制定合作规则、协调不同参与方之间的关系，以及处理可能产生的争议和分歧。这个管理机构不仅要具备卓越的领导力和决策能力，还要对产学研合作的各个环节有深入的理解。平台设立了一个专家委员会，作为智囊团和顾问团。这个委员会由来自高校、科研机构和企业界的资深专家组成，他们凭借丰富的经验和专业知识，为平台提供宝贵的咨询、指导和建议。专家委员会的存在，为平台的发展提供了坚实的学术和行业支撑。为了确保合作项目的顺利进行，平台还建立了一套完善的项目管理机制。这一机制包括项目筛选、立项、执行、

监督和评估等环节，确保每个项目都能得到精心策划和高效执行。通过这套机制，平台能够持续推动产学研合作的深入发展，实现资源的优化配置和高效利用。

（三）资源整合与共享

资源整合与共享，作为产学研合作平台的核心功能，其重要性不言而喻。这一功能旨在将高校、科研机构和企业所拥有的研发资源进行有效汇聚和融合。从实验设备到尖端科技，从资深科研人才到丰富的技术成果，所有这些都将成为平台共享的资源宝库。这样的资源整合，不仅打破了原有界限，使各方优势得以充分发挥，也能在很大程度上满足合作项目的多样化需求。资源共享机制的建立，确保了这些资源能够得到高效、合理的利用，避免了资源的浪费和重复投入。通过资源整合与共享，产学研合作平台不仅降低了合作成本，提高了合作效率，也为技术创新和产业升级注入了强大的动力。各方在共同分享资源的同时，也在互相学习、交流中不断提升自身的实力，形成了一种良性循环。这样的合作模式，将有力推动产学研三方实现更高层次的发展。

（四）信息交流与沟通

为了促进各方之间的紧密合作，平台需要构建一个完善的信息交流平台。这一平台不仅是一个简单的信息传递工具，也是一个能够承载各方思想碰撞和智慧交融的桥梁。在这个信息交流平台上，高校、科研机构和企业可以分享最新的技术动态、研究成果和行业动态。无论是合作项目的进展情况，还是遇到的难题和挑战，都可以通过这个平台得到及时的反馈和讨论。这种信息的实时共享，不仅提高了合作效率，还激发了创新灵感，推动了技术的不断进步。平台还应定期举办各种交流活动，如研讨会、论坛等。这些活动为各方提供了一个面对面交流的机会，让他们能够深入地了解彼此的需求和优势，从而进一步巩固和拓展合作关系。通过这些活动，各方可以建立更加紧密的联系，形成稳固的合作伙伴关系，共同推动产学研合作的深入发展。

（五）合作项目对接

为了确保各方能够精准匹配、高效合作，平台需要建立一个完善的合作项目对接机制。这一机制不仅为高校、科研机构和企业提供了一个集中的信息发布平台，让他们能够清晰地展示自身的合作需求和技术难题，也为他们提供了一个寻找合适的合作伙伴和解决方案的窗口。在平台上，各方可以根据自身的需求和专长，浏览和筛选合适的合作项目，实现精准对接。平台还提供项目管理和跟踪服务，确保合作项目从立项到实施的整个过程都得到及时、有效的支持和监督。通过合作项目对接，产学研各方更紧密地联系在一起，共同推动技术创新和产业升级。这种深度合作不仅加速了科技成果的转化和应用，还促进了产业链的优化和升级，为我国经济的可持续发展注入了新的活力。

二、推动高校与企业深度合作，培养创新人才

（一）建立校企联合培养机制

校企联合培养机制的建立旨在从根本上打破传统教育与企业之间的界限，实现教育资源与产业资源的无缝对接。校企双方应携手合作，共同规划并制订全面的人才培养计划。这样的计划不仅应涵盖学生的专业知识和技能训练，还应注重其实践能力和创新精神的培育。双方可依据行业发展趋势和企业实际需求，共同设计课程体系，确保学生所学知识的前沿性和实用性。在实践教学方面，高校可邀请企业专家参与教学，将实际工作中的案例和经验引入课堂，使学生能够在模拟或真实的环境中学习和应用知识。企业应为学生提供实习机会，让他们在实践中深入了解行业运作，积累实践经验，并培养解决实际问题的能力。校企联合培养机制有助于实现资源共享和优势互补。高校可依托企业的实践平台和资源，为学生提供广阔的学习和实践空间；而企业则能借助高校的人才和科研优势，推动技术创新和产业升级，从而实现双方的互利共赢。

（二）加强实践教学与实习基地建设

高校应积极与企业建立合作关系，共同打造高质量、多功能的实践教学和实习基地。这样的基地不仅为学生提供了真实、丰富的实践环境，还让他们有机会直接参与企业的实际项目。在项目中，学生能够亲身体验产业前沿技术，深入了解行业动态，掌握实际操作技能。学生还能与企业的导师进行深入交流，从导师身上学习到宝贵的职业经验和人生智慧。通过实践教学和实习基地的锻炼，学生的综合素质和创新能力将得到显著提升。他们不仅能够在实践中发现问题、解决问题，还能在团队合作中锻炼沟通协作能力，培养创新思维和创业精神。实践教学和实习基地的建设为企业带来了诸多益处。企业可以借此机会吸引更多优秀的年轻人才，为企业的长期发展注入新鲜血液。通过与高校的紧密合作，企业还能获得高校在科研、技术等方面的支持，推动产学研合作向更深层次发展。

（三）促进产学研师资互聘与交流

高校与企业之间的师资互聘，为双方带来了前所未有的合作机遇。对于高校而言，引入企业实践经验丰富的专家担任客座教授，不仅为学生带来了最前沿的行业知识和实践经验，还使教学内容更加贴近实际，提升了教学质量。这种教学方式的转变，有助于学生更好地理解理论知识在实际工作中的应用，从而激发他们的学习兴趣和创新精神。对于企业而言，聘请高校师资担任企业导师，能够为企业带来丰富的科研资源和学术支持。高校师资在科研方面的优势，能够为企业技术创新和产业升级提供有力的支持。企业导师还能将最新的科研成果和技术应用引入企业，推动企业持续创新和发展。产学研师资互聘与交流有助于促进知识共享和成果转化。高校与企业之间的师资流动，使得双方的知识和技术得以有效交流和融合。这种交流不仅有助于推动科研成果的产业化，还为企业带来了新的发展思路和创新方向，推动了产学研合作向更深层次发展。

（四）举办创新创业竞赛与活动

高校和企业携手合作，共同策划和组织创新创业竞赛与活动，为学生提供了一个广阔而富有挑战性的舞台。通过"互联网+"大学生创新创业大赛，学生可以将自己的创意和想法付诸实践，借助互联网的力量，实现项目的快速迭代和优化。这样的竞赛不仅要求学生具备创新思维和解决问题的能力，还需要他们掌握一定的技术能力和具有团队协作能力。在竞赛过程中，学生可以不断挑战自我，超越自我，实现个人能力的全面提升。创新创业训练营为学生提供了更为系统和全面的培训。在训练营中，学生可以接触到更多的行业专家和成功创业者，学习他们的经验和智慧。训练营还会安排一系列的实践项目，让学生亲身体验创业的过程，积累实践经验。这样的经历不仅可以让学生更好地理解创新创业的内涵和价值，还能够为他们未来的职业发展打下坚实的基础。

三、加强技术转移与成果转化，实现商业价值

（一）建立技术转移与成果转化机制

这一机制应清晰地界定技术转移与成果转化的核心目标，即推动科研成果从实验室走向市场，实现其商业价值和社会价值。这一机制需要详细规划整个转化流程，从技术的评估、筛选到市场调研、合作洽谈，以及最终的商业化实施，确保每一步都有章可循、有序进行。为了保障转化工作的顺利进行，需要设立专门的机构或团队来承担技术转移与成果转化的具体工作。这些团队将负责技术的深度评估，确保所选技术具有市场潜力和商业价值；进行市场调研，了解市场需求和竞争态势；积极寻求合作机会，与潜在的合作伙伴进行洽谈，推动技术成果的商业化。激励机制的建立也是不可或缺的一环。通过设立合理的激励机制，可以激发科研人员的积极性和创造力，使他们更加主动地参与到技术转移与成果转化的工作中。这不仅可以提高转化效率，还能促进科研成果的持续创新和优化。因此，构建完善的技术转移与成

果转化机制，是推动科研成果转化为现实生产力、实现商业价值的关键。

（二）加强产学研合作与资源整合

高校、科研机构与企业之间的紧密合作，不仅为技术转移与成果转化提供了坚实的平台，也是实现科技成果商业价值化的关键。在这种合作模式下，高校和科研机构凭借其强大的科研实力和丰富的学术资源，能够不断产出最先进的技术和创新成果。而企业凭借其敏锐的市场洞察力和强大的市场推广能力，能够迅速将这些技术成果转化为实际产品，推向市场。通过产学研合作，各方充分发挥自身优势，实现了资源的有效整合和互补。高校和科研机构的技术研发能力，与企业的市场推广能力和资金支持相结合，大大提高了技术转移与成果转化的成功率。这种合作模式还能够促进不同领域、不同行业之间的知识共享和技术交流，进一步推动科技创新和产业升级。

（三）优化技术评估与筛选流程

为了确保技术的有效转化，必须建立一套科学、客观、公正的评估体系。这一体系不仅要全面考量技术的成熟度，还需深入评估其市场潜力和经济效益。在技术成熟度方面，评估应关注技术的研发阶段、实验验证情况及实际应用效果，确保技术具备稳定性和可靠性。市场潜力的评估是必不可少的环节，需要综合考虑市场需求、竞争态势及技术的市场接受度等因素，以判断技术是否具有广泛的市场前景。经济效益的评估是技术转化的最终目的，需要分析技术转化后的成本、收益及潜在的利润空间，以确保技术转化能够带来实际的经济效益。在评估流程上，需要确保流程的规范性和透明性，避免主观因素的干扰。同时，应不断优化评估流程，提高评估效率和准确性，确保评估结果的可靠性和有效性。

（四）拓展技术应用与市场对接

拓展技术应用与市场对接，是技术转移与成果转化工作中不可或缺的一环。要实现这一目标，需要积极主动地推广技术成果，让更多人了解和认识这些成果的潜力和价值。通过将技术成果应用于实际生产中，可以显著提升生产效率，优化产品质量，为企业带来实际的经济效益。与此同时，加强市场对接同样重要。市场是技术成果转化的最终归宿，只有深入了解市场需求和趋势，才能确保技术成果精准地满足市场需要。这需要不断开展市场调研，分析市场变化，以便及时调整技术转化策略，确保技术成果能够顺利进入市场并实现商业价值。拓展技术应用与市场对接，不仅有助于实现技术成果的商业价值，也能推动整个产业的发展和经济的增长。通过不断将科技成果转化为现实生产力，可以促进产业的转型升级，提升整体竞争力。这些技术的应用和推广还能创造新的就业机会，促进就业市场的繁荣。

四、完善产学研合作评价体系，优化合作环境

（一）构建全面客观的产学研合作评价指标体系

为了深入剖析产学研合作的真实成效，首要任务便是构建一个全面且客观的评价指标体系。这一体系旨在全面覆盖合作项目的各个方面，确保评估结果真实、准确地反映合作的实际效果。在构建这一体系时，应充分考虑合作项目的创新性。创新是推动科技发展的关键动力，也是产学研合作的核心价值所在。因此，评价指标体系应包含对创新成果的量化评估，如新技术、新产品的数量和质量，以及创新成果在市场上的表现等。实用性是评价产学研合作项目不可忽视的一个维度。合作项目不仅要具有创新性，也要在实际生产或应用中发挥价值。因此，评估指标应包括对合作项目在实际应用中的效果、效率，以及用户反馈等方面的考量。经济效益是评价产学研合作成功与否的重要标准之一。合作项目能否为合作各方带来经济效益，是衡量其成功与否的关键指标。因此，在评价指标体系中，应设置具体的财务指标，如投资回报率、成本降低率等，以量化评估合作项目的经济效益。

（二）设立产学研合作评价奖励机制

在产学研合作的生态中，设立一个恰当的评价奖励机制对于激发各方的

参与热情非常有必要。这种机制不仅是对那些在合作中取得显著成绩的单位和个人的肯定，也是一种强大的激励手段。通过设立专门的奖项，可以明确表彰那些在产学研合作中表现突出的团队或个人。这些奖项的设置，应基于合作项目的创新性、实用性、经济效益等多个维度，确保奖励能够真正体现合作的价值。获奖者将获得社会的广泛认可，这不仅是对他们努力的肯定，也是对他们未来工作的鼓舞。资金扶持是奖励机制中不可缺少的部分。对于那些在产学研合作中取得重大突破的单位或个人，提供一定数额的资金支持，可以帮助他们进一步深化研究、扩大合作，从而推动产学研合作向更高水平发展。

（三）加强产学研合作的信息公开与透明度

信息公开与透明度是优化合作环境、确保合作顺利进行的重要保障。在产学研合作过程中，信息的公开与透明对于建立合作伙伴之间的信任至关重要。通过及时、准确地公开合作进展、成果及遇到的问题，各方可以清晰地了解合作的动态和实际情况，避免信息不对称导致的误解和疑虑。这种信息的公开和透明，不仅能够促进合作各方之间的沟通和交流，还能够提高合作的效率和质量。提高透明度能够增强产学研合作的公信力。当合作过程中的信息被公开透明地展示给外界时，不仅让更多的人了解了合作的真实情况，还吸引了更多的优质资源参与到合作中。这种公信力的提升，有助于扩大产学研合作的影响力，推动合作向更广泛、更深入的领域发展。因此，加强信息公开与透明度是优化产学研合作环境的重要措施之一。通过建立完善的信息公开机制，提高合作的透明度和公信力，可以为产学研合作的顺利进行提供有力保障，推动合作取得更加显著的成效。

（四）优化产学研合作的政策环境与服务支持

为了保障合作的顺利进行，必须制定一系列有针对性的优惠政策。这些政策可以包括税收减免，降低合作项目的运营成本，使其更具吸引力；资金扶持，为合作项目提供必要的资金支持，解决资金短缺的问题；其他可能的政策优惠，如土地使用、人才引进等方面的支持。除了政策优惠，加强服务体系建设也很重要。一个完善的服务体系能够为产学研合作提供全方位的支持。项目咨询服务可以帮助合作方明确项目方向，规避潜在风险；技术支持服务可以为合作项目的研发提供必要的帮助，提高项目的成功率；市场推广服务能够协助合作方将项目成果推向市场，实现商业价值。通过优化政策环境和服务支持，可以进一步激发产学研合作的活力。合作方在享受到政策优惠和全方位服务的同时，将更有动力投入合作中，推动科技创新和产业升级。这种良性的互动关系，不仅促进了产学研合作的深入发展，还为整个社会的科技进步和经济发展注入了新的活力。

第四节　异质性企业营商环境优化建议

一、不同行业的企业建议

（一）第一产业

1. 激发鼓励企业家精神

农业是一个投资回报周期比较长的行业类别，不仅需要大量的物质作为支撑，还需要企业家有敢于吃苦的精神，坚信从事农业一定大有作为。企业家是社会经济活动的重要主体，是社会的宝贵财富。东北三省发展农业有着得天独厚的自然条件，但与其他地区相比，条件比较艰苦，因此，要大力弘扬企业家精神，积极引导其投身到大东北农业发展、乡村振兴中，增强企业家在东北振兴中的使命感、荣誉感。要为企业家营造鼓励创新、允许试错的成长环境，形成合理的容错机制与创业氛围，为企业家的发展提供支持与保护。

2. 增强农村的硬实力与软实力

为鼓励更多的企业参与到农业建设中，需要从基础设施、人才、文化资源、发展规划等多个方面为农业发展提供动力和吸引力。一方面，加强农村地区的基础设施建设，完善农村的医疗卫生保障机制，提高人民的生产生活水平。另一方面，为使得农民更好地参与到农村建设中，要积极开展新型职业农民培训，培养有知识、懂技术的农民。重视对青年村干部的培养，鼓励优秀的大学毕业生回到家乡，建设家乡，为乡村发展建设提供智力支持，提升农业的营商环境水平，增强农业的发展活力。

（二）第二产业

1. 以市场为导向

目前，经济发展已经步入新时期、新阶段，需要企业转变固有思想，破除惯性的计划经济思维。在新中国成立初期，东北地区在计划经济的指引下工业企业取得了一定的成就，这使得许多企业存在根深蒂固的计划经济思维。加强组织管理体制改革与企业的混合所有制改革，坚持以市场为导向，增强企业发展规划的弹性，在政府的帮助下，推进市场经济体系建设，共同营造一个尊商、重商、富商的市场环境，从而吸引更多企业家进行投资。

2. 深化产学研合作

一方面，加强高端人才的引进，加大高等教育资源的投入，不断健全教育支持体系，在全社会营造尊重知识、尊重人才、尊重企业家的良好氛围。另一方面，充分利用本土的高校科研优势，加强产学研深入合作，建立健全产学研合作运行机制，完善科研成果转化机制，使得人才培养与产业发展需求实现完美对接。积极推动工业园区、科创园建设，推行生产全领域的数字化建设，延长产业链，打造产业集群，实现知识、信息、技术共享，形成浓厚的科创氛围，推进工业经济高质量发展。

3. 加强政企银之间的联动

通过加强政企互动，建立新型的政商关系，建立政商交往"正面清单""负面清单"，形成良好的沟通交流机制，认真听取企业家的意见与建议，使政府决策更具有针对性。各部门政府机关需要树立人民公仆意识，真心实意为企业家提供服务与帮助，为企业发展提供更多优惠的政策支持。另外，资金是否畅通关乎企业发展的命脉，通过金融政策导向，向金融等有关部门释放积极的信号，增强银企之间的互动，打破企业融资瓶颈，优化企业的融资途径并扩大社会融资的影响度，从而营造良好的工业发展环境。

4. 推动产业实施"绿色革命"

制定绿色发展的相关标准，为企业实施绿色发展提供依据。在实施过程中，要加强监督与管理，加大对高污染高耗能企业的处罚力度，推动企业调整产业结构，使用清洁能源，加大科技投入力度，增加对相关绿色技术的改造，提高资源的利用效率，助力"双碳"目标的实现。政府还要进一步加强对碳交易的监督与管控，增强企业进行碳信息披露的主动性，加强碳排放数据的管理，通过相关的制度设计，推动形成一个健康合理的碳交易市场，促进经济的绿色可持续发展。

（三）第三产业

1. 减税降费增信贷

针对第三产业企业，政府应实施大力度的减税降费政策，特别是针对小型和微型企业。通过减少企业所得税、增值税等税负，增加企业的可支配收入，进而促进其发展和创新。应提高金融服务实体经济的能力，增加对第三产业的信贷支持。银行和其他金融机构应开发更多符合第三产业特点的金融产品和服务，降低企业融资成本，助力企业快速成长。

2. 加强城市硬件设施建设

政府应投资改善交通、通信、供水、供电等基础设施，特别是加强信息网络和物流体系的建设。高效的物流和信息流将极大地提升第三产业的运营效率和服务质量。优化城市规划和空间布局，打造具有吸引力的商业区和休闲区，也能进一步促进第三产业的繁荣。

3. 加强对投资者的保护

政府应完善相关法律法规，特别是加强知识产权保护，确保企业和个人的创新成果得到应有回报。应建立公正、透明的司法体系，及时解决商业纠纷，降低企业运营风险。通过加强对投资者的保护，可以吸引更多国内外资金进入第三产业，推动其持续健康发展。

二、不同产权性质企业的建议

（一）非国有企业

1. 多角度进行政策支持

非国有企业较少地享有政策带来的红利，对于政策带来的便利性有着更高的敏感度。因此，应进一步营造高效便捷的政务服务环境，从融资、税负、行政审批等方面实施良好的引导政策，为非国有企业提供更多的发展机会，持续增强包括民营企业在内的非国有企业在我国经济增长中的贡献力，降低非国有企业在不确定环境中所面临的风险压力。

2. 营造良好的创新创业环境

除了政府效率外，还要重视人力资源、双创环境的改进。非国有企业的发展需要营造一个良好的创新创业环境，加快"双创"示范孵化基地、创业园建设，为人才的发展提供一个充满吸引力的平台，推动形成"大众创业、万众创新"的良好社会风尚，充分发挥企业家精神在企业发展中的重要作用，迎难而上，敢于探索，促进社会的健康发展。

3. 建立公平的法治环境

要加强市场经济的法治建设，不断完善相关的反市场垄断等法律法规，致力于市场的公平有序，对于违法行为进行严厉打击。政府要以身作则，健全权力运行与监督机制，打造一个廉洁高效的阳光政府，处理好政府与市场的关系，坚持以市场为主、政府为辅的原则，为企业营造一个公平健康的市场环境，为非国有企业的发展保驾护航。

（二）国有企业

国有企业作为国民经济中的中坚力量，拥有更大的潜力和发展优势，虽然有更多的人力、资金、政策等方面的优势，但往往承担的是一些政策性任务，未能与市场做到有效的衔接，且在市场中缺乏强烈的忧患意识。

1. 健全市场经营机制

要同时推进内部改革和外部营商环境的优化，在生活服务功能与生产功能之间找到平衡点，培育企业家的责任意识与担当，增强在市场经济活动中的主动参与性，引入市场机制，鼓励公平竞争和创新竞争，提升企业的创新力与发展效率，促进经济的高质量发展。通过市场化改革，由市场决定资源的配置，使人力、资金、技术等资源转移到营商环境好的发展地区，使社会资源得到更加合理的配置，提升资源的利用效率，减少资源错配带来的发展障碍。

2. 增强管理服务能力

按照"在服务中监管，在监管中服务"的原则，最大限度释放国有企业的发展优势。一方面，进一步厘清权责边界，做到不越位、不缺位，提升企业的自主经营能力；另一方面，优化监管方式，根据不同的企业属性，对企业实施科学的法治化管理。推行数字化政府，提升政府的社会治理水平与社会服务能力，为企业发展提供更多的"阳光雨露"。

三、大中小型企业营商环境优化建议

（一）大型企业

1. 加强企业内部改革

企业规模越大，其内部的关系网络就会变得越错综复杂。这种复杂性不仅增加了管理的难度，而且也放大了企业面临的各种风险。为了有效地应对这些挑战，企业内部改革势在必行。其中包括强化对企业的内部监督与管理机制，确保每一个环节都高效、透明地运作。通过及时精简机构，企业去除不必要的层级和冗余人员，使组织更为扁平化，加快决策传导的速度。提升企业管理水平也是关键，这要求不断更新管理理念和方法，使之与国际接轨。优化内部组织结构意味着要明确各部门的职责，减少职能重叠，增强团队协作。积极引导企业进行内部流程的改造，不仅可以提高工作效率，还能有效避免官僚主义的滋生，使组织更加灵活高效。在这些措施共同作用下，企业的组织效率将得到提升，从而适应快速变化的外部环境。

2. 培育核心竞争力

现如今大企业身处一个多变且不确定的国内国际环境之中，面临着前所未有的挑战。为了在这样的大背景下实现持续稳定的发展，企业必须着重培育自身的核心竞争力。这种竞争力不仅来自日常运营的精细管理，也要不断推动技术创新和管理创新。通过提高科技创新水平，企业开发出更具市场竞争力的产品或服务，从而在激烈的市场竞争中脱颖而出。管理水平的提升也很重要，它可以帮助企业更高效地调配资源，优化内部流程，提升员工的工作效率。随着全球化的深入，推动企业走向国际化已成为必然趋势。这要求企业家不仅要有敏锐的市场洞察力，还要具备国际化的战略眼光。通过积极参与国际市场竞争，企业学习到先进的管理经验和技术知识，进而提升自身的国际竞争力，为企业的长远发展奠定坚实的基础。

3. 建立新型政商关系

政府在对待大企业时，应给予其充分的经济地位尊重。这些企业在行业前沿摸爬滚打，积累了丰富的经验，是行业发展的重要推动力量。因此，政府应积极倾听他们的声音，汲取他们的行业经验，以便更好地制定相关政策和规划。在与企业打交道时，政府需巧妙处理"清"与"亲"的关系，既要保持公正无私，避免权力寻租，又要真诚服务企业，帮助他们解决实际问题。通过提升服务企业的能力，政府可以为大企业提供优质的发展环境。政府还应扮演好桥梁角色，连接企业与社会，推动企业更多地参与到社会服务中。这样不仅能增强企业服务社会的责任意识，还能使企业在承担社会责任的过程中实现其社会价值，进而在社会中树立积极正面的形象。这种企业与社会的良性互动，将有助于促进双方的共同进步与和谐发展。

（二）中小型企业

1. 营造富有吸引力的营商环境

营商环境的优劣很大程度上决定了一个地方招商引资的成效，要营造充满机遇与挑战的营商环境，为企业、人才出台一系列满足切身利益的政策，提升各部门的办事效率和服务质量，积极解决企业发展过程中的痛点、难点问题，使得中小企业有兴趣参与进来，进而释放中小企业的发展活力。

2. 疏解融资困境

现如今中小企业仍然面临着融资难、融资贵的问题，要给予中小企业优惠的金融政策，疏解其融资困境，为其搭建好的发展平台，使其更有信心与底气在市场中乘风破浪。建立市场化的发行机制，通过数字金融增强双方信息的透明度，使资金需求方与资金供给方之间有效对接，减少由于信息不对称带来的问题。还可以通过政策引导，使更多的金融资源向成长型的中小企业倾斜，从而加大对中小企业的资金支持。

3. 加大产权保护力度

加大对中小企业的产权保护力度，突出中小企业在自主创新中的主体地位，激发企业家的创新创业精神，助力中小企业发展，为经济社会高质量发展提供法律保护。加大对中小企业信用信息的保护力度，建立企业诚信经营机制，实施失信黑名单制度，提高侵权的违法成本，采取从严治理的对策。严格落实罪刑法定的原则，打击恶意拖欠中小企业账款行为，依法保护企业产权及其人身安全，使得中小企业可以安心谋发展。

参考文献

［1］郭枚香，项慧玲. 智能审计嵌入营商环境治理研究［J］. 国际商务财会，
2024（09）：61-67.

［2］《奋斗》编辑部. 哈尔滨以一流营商环境打造投资兴业沃土［J］. 奋斗，
2024（09）：28-29.

［3］刘思钰. 数字赋能政务服务 助推营商环境优化升级［J］. 奋斗，2024
（09）：41-43.

［4］谢真真，贾峤. 数字政府、营商环境与"信用辽宁"［J］. 对外经贸，
2024（04）：65-67，93.

［5］陶虹任. 跨境数据流动规制中的域外管辖扩张及应对——以优化法治化
营商环境为视角［J］. 中国信息界，2024（02）：138-140.

［6］李政，赵洪亮，孙圣涛. 营商环境优化与企业技术创新质量——基于
"专利泡沫化"问题的视角［J］. 学习与探索，2024（04）：63-74.

［7］何建莹，胡江天. 自贸宁波片区营商环境优化路径研究［J］. 宁波经济
（三江论坛），2024（04）：26-29.

［8］程波辉，罗培锴. 区块链技术助力城市营商环境优化的路径——基于
TOE 框架的定性比较分析［J］. 学术研究，2024（04）：16-22.

［9］王湘君，侯德帅，丁言豪. 营商环境与审计收费［J］. 管理现代化，
2024，44（02）：114-122.

［10］宋平平. 我国营商环境的研究进展与展望——基于 CNKI 的文献计量和

知识图谱分析 ［J］. 价格理论与实践，2024（01）：209-212.

［11］蔺婷婷，孙宇，于佳弘. 黑龙江省民营企业营商环境优化路径研究［J］. 对外经贸，2024（03）：39-42.

［12］以人才链赋能产业链助力营商环境优化 ［J］. 政策瞭望，2024（03）：30-32.

［13］李艳双，孟新宇. 营商环境优化如何影响企业数字化悖论——基于创新持续性视角 ［J］. 财会月刊，2024，45（06）：20-27.

［14］杨欢，冯莉. 营商环境与企业创新：文献综述与展望 ［J］. 财务管理研究，2024（03）：5-12.

［15］夏鹏忍. 文成县人大：助推营商环境优化提升 ［J］. 温州人大，2024（Z1）：79.

［16］王善高，漆晓仪，刘余. 营商环境对共同富裕的影响机制——基于我国省际面板数据的实证分析 ［J］. 学术交流，2024（03）：74-91.

［17］张洋洋. "互联网+政府服务" 对地方政务营商环境优化研究——以 X 市为例 ［J］. 特区经济，2024，42（02）：149-152.

［18］邢玲. 营商环境优化背景下的信用法治化研究 ［J］. 中国商论，2024（04）：129-132.

［19］林敏. 论重整时共益债融资借款的保护及其对营商环境优化的意义［J］. 中国律师，2024（02）：75-77.

［20］李淮嵩，王春晖. 数字金融、营商环境与商贸流通企业盈余管理行为研究 ［J］. 商业经济研究，2024（03）：159-162.

［21］张春飞，杨媛，马潇宇. 数字营商环境的变革逻辑、发展挑战及优化路径 ［J］. 电子政务，2024（04）：90-100.

［22］赵欣，侯德帅. 营商环境建设有助于优化企业成本管理吗 ［J］. 财会月刊，2024，45（04）：70-75.

［23］杨燕群. "放管服" 背景下的税收营商环境优化路径探讨 ［J］. 市场周刊，2024，37（03）：123-126.

［24］熊春来，丁岚. 优化营商环境背景下落实公平竞争审查制度的成效与思

考［J］.中国质量监管，2024（01）：56-59.

［25］吴珊珊.共同富裕背景下义乌营商环境优化路径分析［J］.科技经济市场，2024（01）：85-87.

［26］王倩倩.校企协同发展思路的营商环境优化措施分析［J］.活力，2024，42（01）：172-174.

［27］李欣欣."放管服"背景下数字赋能辽宁省税收营商环境优化研究［J］.经济研究导刊，2024（01）：106-109.

［28］李劲柏.提升信息化服务，助力优化营商环境［J］.中关村，2024（01）：119-121.

［29］稷量产业创新研究院课题组.新时期营商环境新逻辑及宁波营商环境优化提升建议［J］.宁波经济（三江论坛），2023（12）：20-23，35.

［30］叶翮.基于营商环境优化背景下的注销风险探析［J］.税收征纳，2023（12）：33-34.